www.tredition.de

AF196942

Liesbeth Boldt

Eine Rose für Dich

Augenblicke der Zeit - Gedichte, Träume und
Verse

www.tredition.de

© 2021 Liesbeth Boldt

Verlag und Druck:
tredition GmbH, Halenreie 40-44, 22359 Hamburg

ISBN
Paperback: 978-3-347-40960-6
Hardcover: 978-3-347-40961-3
e-Book: 978-3-347-40962-0

Eine Rose für Dich

•Augenblicke der Zeit•

Gedichte, Träume und Verse

Liesbeth Boldt

Zusammengestellt von Andreas Boldt

In liebevoller Erinnerung an

Dieter Boldt

1.7.1948 – 9.4.2018

und

Liesbeth Boldt

9.11.1949 – 1.8.2018

Vorwort

Das Jahr 2018 war für die Familien und Freunde von Dieter und Liesbeth Boldt ein großer Verlust. Im Allgemeinen bereitet sich jeder irgendwann auf den Verlust der eigenen Eltern vor, aber wenn es passiert, erschüttert es uns bis ins Mark. Es war eine sehr traurige und herausfordernde Zeit, beide Eltern im selben Jahr zu verlieren. Und obwohl Dieter und Liesbeth in unseren Erinnerungen weiterleben werden, möchte ich Liesbeths Gedichte über sich und Dieter mit den Lesern teilen.

Dieses Buch ist eine überarbeitete Zusammenstellung aller gefundenen Gedanken und Gedichten meiner Mutter Liesbeth Boldt. Es gab drei Quellen für diese Schriften: ein kleines Notizbuch aus den 1960er Jahren, fünf Bände mit schön geschriebenen und geschmückten Gedichten und einen Jahreskalender, der fast vollständig mit Stichwortsammlungen, Gedichten und Sprichwörtern gefüllt war. Die Einträge sind in chronologischer Reihenfolge aufgeführt, wobei der erste Eintrag aus dem Notizbuch von 1966 bis zum Jahr ihrer Hochzeit im Jahr 1972 reicht. Den Abschnitt auf Meier Helmbrecht hatte sie aus einem Buch kopiert, zeigt aber ihr Interesse an ihrer Herkunft, da ihre Mutter eine geborene von Helmbrecht war und aus der Region um Thorn stammte (heutiges Polen). Das Wissen um die Herkunft und die Suche nach einer neuen Heimat und Identität hatte meine Mutter als Flüchtlingskind sehr geprägt. Die auffälligste Sammlung sind die Gedichte, die größtenteils in den drei Jahren zwischen 2011 und 2013 verfasst wurden. Die Gedichte wurden sorgfältig geschrieben und mit Bildern und Zeichnungen aus der Hand meiner Mutter verziert. Die letzten Gedichte in der

Sammlung stammen vom Mai 2018, dem Monat nach dem Tod von Dieter. Sie wurden auf kleine Blätter geschrieben, als wären sie zufällige Momente der Reflexion. Die Gedichte selbst beziehen sich hauptsächlich auf meine Eltern, ihr Zusammenleben und ihre Liebe zueinander, berücksichtigen aber auch die immerwährenden Themen von Geschichte und Heimat, Glück und Liebe, Zeit und den Beruf des Schmiedes. Obwohl sich die Gedichte auf meine Eltern beziehen, sind sie doch recht allgemein geschrieben, so dass sich hoffentlich jeder mit dem Thema identifizieren und die Gedichte, auch ohne Vorwissen oder meine Eltern gekannt zu haben, mit Freude genießen kann.

Schließlich gab es noch in einem Notizbuch eine allgemeine Sammlung von Stichwörtern, Phrasen und Sprichwörtern. Aus dieser Sammlung habe ich Liesbeths Sprüche und Redewendungen sowie abschließend eine Selbstbeschreibung übernommen.

Kurz vor ihrem Tode hatte Liesbeth mehrfach erwähnt, dass es Anfragen auf eine Veröffentlichung ihrer Gedichte gab und sie dem nicht abgeneigt war. Ihrem Wunsche folgend, möchte ich daher die Gedanken und Gedichte meiner Mutter Liesbeth der Öffentlichkeit zugänglich machen, um auch ihre Worte für die Nachwelt zu bewahren.

Da kaum Gedichte einen Titel erhielten, sind sinngemäß jeweils die ersten Wörter der ersten Zeile eines Gedichts durch fette Großbuchstaben hervorgehoben, um das nächste Gedicht anzudeuten. Gleichzeitig kann man sagen, haben die Gedichte somit auch einen Titel erhalten.

Diese Zusammenstellung von Liesbeths Schriften ist auch eine lebendige Erinnerung an meinen Vater Dieter Boldt und sein Schmiedehandwerk. Familie und Freunde, die jemals das gemeinsame Zuhause Im Uhlenbrook 26 in Lilienthal bei Bremen besucht haben, wo Dieter und Liesbeth über 42 Jahre lebten, werden sich an Dieters vielfältige Eisenschmiedearbeiten im ganzen Haus erinnern. Eines seiner bekanntesten Werke ist die Figur des arbeitenden Schmieds, die neben der Haustür angebracht war. Dieses Stück befindet sich jetzt in Irland bei mir zu Hause, wo es in absehbarer Zukunft seinen neuen Platz an einer Wand finden wird. Mit diesem Meisterwerk der Eisenschmiedekunst meines Vaters Dieter und der Sammlung von Werken meiner Mutter Liesbeth trage ich ihr gemeinsames lebendiges Gedächtnis für uns alle fort.

Níamh und Andreas Boldt

Multyfarnham, Irland, 2021

Frühe Schriften (1966 bis 1972)

Privat !!!

Liesbeth Tapper

Wir lassen vom Schein des Lebens uns blenden,

Um nicht den Blick auf den Kern zu wenden;

Wir lassen vom Lärm der Welt uns betören,

Um nicht die Stimmen der Stille zu hören.

Liesbeth [erste Eintragung, wohl 1966 geschrieben]

Mein Lebensideal mit zwanzig Jahren?
[geschrieben um 1969]

Es liegt mir zu viel Unklares doch auch wieder Bewusstes darin. Jede wirkliche Entwicklung ist ein unbewusster Vorgang, ist das Durchsetzen der Persönlichkeit mit allen, was an ihr tüchtig ist, ist das freudige Ergreifen der täglich neuen Gegenwart mit all ihrem Wechsel und ihrer Mannigfaltigkeit, unbekümmert, wieviel Hoffnungen und Meinungen von gestern verblühten und verschwanden mit einem Wort: Nicht ein Ideal, sondern ‚Idealismus‘, und nicht mit zwanzig Jahren, sondern durch das ganze Leben.

Ich habe nie an ein präzis formuliertes Lebensideal gehabt. Ich weiß nur eines: Das Glück ist nicht die Hauptsache im Leben. Die Hauptsache ist, vor niemand die Augen niederschlagen zu müssen; weder vor einem Menschen noch vor einer Erinnerung!

„Mein Ideal mit 20 Jahren war – zu werden, was ich geworden bin! Im Übrigen vermag nach meiner Ansicht ein jeder sein Ideal zu erreichen, vorausgesetzt, dass dieses Ideal mit seinen angeborenen Fähigkeiten im Einklang steht."

Liesbeth

Ein Winter auf dem Lande!
[geschrieben um 1969]

Nach Frühling und Sommer kommt der Winter, der lange, lange Nordlandwinter mit seinen endlosen Nächten, seinen tiefen Schnee, seinen kurzen, traurigen Tagen. Durch die letzten zerflatternden Wolken bricht die Abendsonne und wirft ihren schimmernden Purpurglanz über die Erde. Es ist kalt draußen. Wie lebt man dann in den Höfen, die so fern des Waldes liegen, abgeschnitten oft auch vom nächsten Nachbar. Kann man hier überhaupt leben? Ich schaudere leicht zusammen. In den großen vollreichen Städten, wo Leben und Luft nie so hoch aufjubeln wie gerade in sturmdurchtobter Winterszeit, wo eine Fülle von Lichtströmen uns vergessen mag. Ich denke an die hellen Straßen. Und doch ist der Winter schön auch hier in der Stille. Wenn draußen die Stürme toben und der Schnee stöbert, dann ist es Zeit, am warmen Kamin Platz zu suchen. Die Hausfrauen greifen dann zu Nadel und Schere und bessern Sachen aus. Wie einladend gemütlich winkt der hohe Kamin. Es träumt sich herrlich im Schein der

Flammen, wenn draußen der Nordsturm braust. Ich stehe am Fenster und schaue übers weite Land. Weit ist es wirklich, unabsehbar weit. Endlose Ebene. Hügel, Wiesen und Gräben. Und mitten zwischen Wiesen und Felder verstreut liegen die Herren- und Bauernhöfe. Breit und stattlich liegen sie da, jeder für sich, inmitten seiner Felder und Wiesen. Lange Wege musste man hier oft wandern, um von einem Gehöft zum anderen zu gelangen. Es ist auch hier draußen auf dem Lande ein schöner Winter.

Liesbeth

Jugenderinnerung.

[geschrieben um 1969]

Warum fällt mir diese Geschichte nur so oft ein? – Nun in meiner Jugend stand ich selbst hungrig und durstig vor einer Hölle von Schätzen. Ich wünschte mir, so viel zu lernen. Das war damals nicht möglich. Ich habe es eingesehen, dass es gut ist (d.h. vorteilhaft) für sich selbst, wenn man gehorcht. Was ist schon deshalb nötig, weil in der Tat nicht jede Pflicht, die einem Kinde auferlegt wird, augenblicklich für den Gehorchenden vorteilhaft ist. Warum? Am letzten Ende ist doch nur der Mensch glücklich, der in Ehrfurcht sich seinem Ideal nähert, denn durch Ehrfurcht nähert man sich dem Erhabenen an. Der Respekt vor dem Guten, vor dem sittlichen Gesetz, vor der Menschenwürde in mir ist ja doch auch der beste, nein, der einzige Schutz vor dem Schmutz. Und zu diesem Gefühl wird der Keim in frühsten Kindheitstagen in die jungen Seelen gelegt. Man kann ein Kind davor behüten. Wem aber große und reine Gedanken erfüllen, den erhellt das Unreine, und er vermeidet es. Ich wollte reich sein, ich wollte

mich in Kostbarkeiten hüllen, und dazu muss man eben ar-
beiten, ehe man es zum Reichtum bringt. Ich will keine Prin-
zessin sein. Ich bin ein einfaches Bürgermädchen, ich möchte
nach getaner Arbeit meine Ruhe haben und mich in mein
Stübchen zurückziehen können.

Liesbeth

Helmbrechts Land

[geschrieben um 1969]

„Von Wilhelm Scheuermann-Freienbrink"

Das deutsche Schrifttum besitzt in dem mittelhochdeutschen
Gedicht: „Meier Helmbrecht" ein unvergleichliches Denkmal
ältester Bauernschilderung. Von dem Dichter wissen wir nur,
was er selbst uns mitteilt, dass er sich Wernher der Gaertner
nannte und fahrender Sänger war, der seine Lieder bei festli-
chen Gelegenheiten unter der Dorflinde, in Gasthöfen und
bei Hausfeiern vorlas. Er berichtet uns auch, dass sein Ge-
dicht nach 1234 entstanden sein muss, denn Neidhart von
Reuenthal nennt er als bereits verstorben, wobei er ihn als den
größeren Meister preist, ein Urteil voll löblicher Bescheiden-
heit, dem sich die Nachwelt nicht angeschlossen hat. Sie er-
kennt dem Meier Helmbrecht die Krone der bedeutendsten
Dichtung ihrer Entstehungszeit zu. Im Gegensatz zu den hö-
fischen Sängern des verfallenden Rittertums greift Wernher
der Gaertner in das volle Menschenleben. Er überschüttet uns
nicht mit einem Schwall immer wiederholter „romantischer"
Abenteuer, sondern er gestaltet eine knappe und flüssige Er-
zählung aus dem Bauernleben, dem er sich durch eigene Her-
kunft verbunden fühlt. Diese Darstellung aber ist voll immer,

packender Wahrheit; sie bleibt, abgesehen von der künstlerischen Gestaltung, wertvoll als kulturgeschichtliche Urkunde. Den Unterschied zwischen seiner Art und derjenigen der höflichen Abenteuersammler erklärt Wernher der Gaertner selbst in den Eingangsworten: Andere berichteten von Minne und Gewinne und großen Taten – „hier will ich sagen, was mir geschah, das ich mit meinem Augen sah." Seit der Wiederentdeckung unserer mittelhochdeutschen Denkmäler ist mit Recht immer wieder betont worden, welche ganz andere, volksverbundene Kraft das bodenständige deutsche Schrifttum hätte gewinnen können, wenn das Beispiel des Meier-Helmbrecht Verfassers, ins volle Menschenleben hineinzugreifen und das Volk bei der Arbeit aufzusuchen, mehr Nachfolger gefunden hätte, statt dass es sich im luftleeren Raum des Romans verlor, der umso höher geschätzt wurde, je unwahrscheinlicher, unechter und unmöglicher er wurde. Der „Meier Helmbrecht" führt uns in eine schlimme Zeit unserer vaterländischen Geschichte. Das Kaisertum hat seine letzte Kraft in den Kreuzzügen und in den Kämpfen der Hohenstaufen in Italien verbraucht. Unvergessene Ströme deutschen Blutes sind in der Fremde nutzlos vergeudet worden. Nun fehlt es im Reiche völlig an Führung. Wer sein Recht haben will, muss es selbst suchen und notfalls mit Waffengewalt erstreiten. Geistliche und weltliche Fürsten, Ritter, Klöster und Städte liegen im ständigen gegenseitigen Kampfe. Die Zeche bezahlt der Bauer. Seit ihn Karl der Sachsenschlächter entrechtet hat, ist seine Lage immer schlimmer geworden. Er, der einstmals Edelfreie, ist jetzt der Einzige, dem es verboten ist, Wasser zu tragen und zu besitzen. Von seiner Arbeit muss er allen zinsen, den Fürsten und Städten und vor allem der Geistlichkeit. Wie diese Lage auf dem deutschen Bauern wirkt, erfahren wir im Gedicht vom Meier Helmbrecht. Der beste Teil der Bauernschaft bleibt sich trotz der Bedrückung seines adeligen Eigenwertes bewusst und bekundet ihn stets von neuem durch seine unablässige, aufbauende Arbeit. Aber es gibt doch auch jüngere Vertreter des Bauerntums, die diese Haltung als altmodisch und einfältig ablehnen. Wozu sich zum gedrückten Bauernstande bekennen, wenn man als fahrender Ritter mit einem Schlage mehr gewinnen kann, als des Vaters ganze Lebensmühe eingetragen hat? Das ist der dramatische Gegensatz, auf dem sich die Dichtung aufbaut.

Meier Helmbrecht ist ein rechter Bauer vom alten Schrot und Korn, aber sein Unglück ist, dass er nicht die richtige Bäuerin gefunden hat. Sie verzieht die Kinder, besonders den Sohn, der ebenfalls Helmbrecht heißt. Zuerst staffiert sie ihn in der Kleidung rittermäßig aus, so dass sich der eitle Bursche als Wunder was vorkommt, wenn die Mädchen beim Tanz seine goldgestrickte Mütze bewundern und zu der Überzeugung gelangt, dass er für die Bauernarbeit viel zu gut ist. Er will sein Glück als fahrender Ritter probieren, und nachdem ihm die Mutter auch noch heimlich Wasser gekauft hat, sagt er seinem Vater den Hofdienst auf. Vergeblich redet ihm dieser ins Gewissen. Als alle guten Gründe nichts helfen, lässt sich der Vater schließlich selbst bewegen, sein Teil zur Ausstattung des Sohnes beizutragen, indem er ihm ein wertvolles Reitpferd kauft, nachdem er ihm noch einmal eindringlich den Wert der Bauernarbeit vorgestellt und ihn daran erinnert hat, dass ihm der wohlhabende Nachbar Meier Ruprecht seine Tochter zur Frau zu geben bereit ist. Dafür hat der Sohn nur Spott, und so reitet er auf seinem teuren Ross davon und nimmt Hofdienst bei einem der vielen benachbarten Raubritter, die immer Bedarf an gewissenlosen Spießgesellen seiner Art haben.

Nach einem Jahre treibt es den Sohn, sich wieder einmal in der Heimat sehen zu lassen. Er hat es weit gebracht. Unter den Räubern, die sich vom Überfall der Wanderer und von der Plünderung der Bauernhöfe nähren, ist er eine Art Führer geworden. Mit frechen Worten rühmt er sich seiner Untaten, sucht sich als etwas Besonderes aufzuspielen, indem er in seine Reden allerhand fremde Ausdrücke mengt, und da er sich mit dem Vater noch weniger als früher verstehen kann, zieht er bald wieder seines Weges, nachdem er seine Schwester, die schon früher auf seiner Seite gestanden hat, verleitet hat, ihm zu folgen, um einem von seinen Miträubern zu heiraten. Bei dieser Hochzeit geht es hoch her mit dem Verprassen von geraubtem Gut. Aber damit hat die Herrlichkeit auch ein Ende. Die ganze Hochzeitsgesellschaft wird ausgehoben, die neuen Spießgesellen werden gehängt, bei dem jungen Helmbrecht aber macht der Richter von seinen gesetzlichen Rechte Gebrauch: Er lässt ihn blenden, ihm einen Fuß und eine Hand abhauen, so wie es die Räuber früher mit den Überfallenen gemacht haben, und lässt ihn dann zum warnenden Beispiele laufen. Demütig bettelt der blinde Krüppel am väterlichen Hoftore um Aufnahme. Aber der alte Helmbrecht kennt nun keine Gnade. Obwohl ihn das Schicksal des einzigen Sohnes in das Herz getroffen hat, weist er ihn ab. Lieber würde er einem wildfremden ehrlichen Mann Heimat gewähren als dem zum Räuber gewordenen Sohne. Dass er seine schönen Rinder verkaufen musste, um das Reitpferd zu bezahlen, rührt ihn genug – ein echt bäuerlicher Zug. Nur die Mutter schickt dem Blinden noch einen Laib Brot hinaus. Und dann erfüllt sich das Schicksal: Der junge Bettler gerät in ein Dorf, wo die von ihm ausgeplünderten Bauern ihren Schinder wiedererkennen. Nach altdeutscher Sitte geben sie ihm mitleidig noch eine Erdscholle als Not-Abendmahl und dann hängen sie ihn an einem Baumast.

Die Ambraser Handschrift der Dichtung führt die Überschrift „Meier Helmbrecht", und zu gutem Recht. Denn wenn auch das Schicksal des missratenen Sohns den größeren Raum einnimmt, so ist der wirkliche Held doch der unglückliche alte Meier. Die Worte, in denen er dem Sohne vergeblich die Rückkehr zum angestammten Bauerntum nahelegt, gehören zu den schönsten, was je über den Wert der Bauernarbeit gesagt worden ist. Lieber den Pflug führen, Bauernbrot in Ehren essen und statt Wein Wasser trinken, als Unrecht tun und Unrecht Gut genießen! Das hält er ihm immer wieder vor. Arm und reich, selbst die schädliche Kreatur, leben schließlich nur von Handmanns Werk. „Mein lieber Sohn, den Acker bau! / Gewiss wird manche hohe Frau / Noch durch des Ackers Frucht verschönt, / Und mancher König sieht gekrönt / Sich durch des Bauers harten Schweiß! / Niemand erlangte Ruhm und Preis / Noch Rang und Ständ, / Wär nicht das Feld / Des Bauern immer neu bestellt!"

Heldentum und Tapferkeit

Der Held ist vorausbestimmt. Er folgt einer Sendung. Es gibt keinen schwarzseherischen Helden. Er würde nichts wagen.

Die Summe der militärischen Tugenden macht noch nicht den Helden. Was ihn unterscheidet, ist das Hochgefühl, das er in schwierigen Lagen empfindet. Der Held handelt nicht aus Pflichtgefühl. Er handelt aus Liebe. Die Eigenliebe leitet die Menschen. Den Helden dagegen die Liebe zu anderen. Die Natur schafft die Helden nicht, damit sie leben, sondern damit sie dienen. Wo die Freudigkeit aufhört, gibt es kein Heldentum mehr. Der Held achtet sein Leben nicht. Leib und Seele sind bei dem gewöhnlichen Menschen eines. Bei den Helden sind sie etwas Verschiedenes. Der Leib des Helden ist nur sein Wasserträger. Die Natur überträgt dem Helden die Taten, die für die übrigen Menschen zu schwer sind. Die Helden hören noch auf andere Stimmen als die ihrer Führer. Selbst wenn sie einen Befehl ausführen, geben sie sich selbst den Auftrag. Eine unbezwingliche Seele in einem gehorsamen Körper macht den Heiligen oder den Helden. Die Freude an schwierigen Lagen kommt von der Gewissheit, sie zu überwinden. Das Spiel ist erst großartig, wenn der Einsatz das Leben ist. Die Tapferkeit wird zuweilen verkleinert. Man liebt es, sie als Brutalität zu bezeichnen. Die Tapferkeit steckt an, weil sie die Gefahr geringer erscheinen lässt. Solange man siegreich ist, kann man alle Leute gebrauchen. Der Mann zeigt sich erst im Augenblick im Unglück. Die Niederlage ist ein Strom, der alles, was schwimmt, mitreißt. Die Felsen bleiben stehen.

Liesbeth

„DAS GLÜCK" oder ich an Dich…
[geschrieben um 1972]

Man hört so oft und viel über das Wort „Glück". Viele Leute reden davon und doch weiß so manch einer gar nicht dieses Wort zu schätzen. Sie reden so viel, verstehen aber nicht den Sinn dieses Wortes, ja sich selbst nicht. Es wird darüber gelacht, und gespottet, aber kommt die Stunde, wo ein das Glück verlässt, ruft man danach. Nun ja, es heißt, das Glück kann man nicht kaufen, man muss schon etwas dafür geben. – In all den Jahren habe ich gelernt, das Gute von den Bösen zu erkennen, zu unterscheiden. Auch wenn man es einmal nicht wahr haben will, muss man der vollen Wahrheit mit festen Augen ins Gesicht sehen. Überall wo man geht, man Leute trifft, droht die Gefahr. Das Schlechte wartet an jeder Ecke, Straße jeden Land auf ein. Ich habe mir sehr oft Gedanken darüber gemacht und ich werde versuchen zu schildern, was ich unter dem Wort „Glück" verstehe. – In meiner Kindheit wurde einem sehr viel Glück versprochen. Man erzählte ein

Märchen, Geschichten über Leute, Tiere und alle endeten mit den Worten „Und wenn sie nicht gestorben sind, dann leben sie noch heute." Man lebte in einer Welt, wo einem die Sorgen noch von den Eltern genommen getragen wurde. Je älter man wurde, desto mehr Sorgen brachten sie mit. Man versuchte allein die Lasten zu tragen, mit all den Sorgen fertig zu werden. Und dazu braucht man die genügende Sicherheit und das große Glück. Mit dieser Sicherheit muss ein Kind unbedingt schon im frühsten Kindesalter vertraut gemacht werden. Wenn man dieses beherrscht, kann man überall das Glück begegnen und finden.

Das größte Glück ist jedoch zu wissen: Einen Menschen zu haben, ihn glücklich zu machen. Und zu wissen, dass man geliebt, gebraucht wird. – Es ist eine Freude mit den Gedanken, „dass man glücklich und zufrieden ist."

gez. Liesbeth Boldt

Gedichte

2008

ENTLEINS REISE!

Entlein spricht, weit komm' ich her

ich sag' Entlein, der Weg war weit, weit über's Meer.

Entlein spricht, will wieder heim.

Ich sag, Entlein sollst bei mir jetzt sein

Entlein spricht, muss jetzt geh'n,

will die große weite Welt jetzt seh'n.

Ich sag Entlein bist noch klein,

bleib hier, du bist doch jetzt mein.

Entlein schaut traurig, die Augen verweint.

Ich sag Entlein wird' grösser, dann gehst Du allein.

Entlein spricht, glücklich, Mütterlein, lieb Mütterlein

jetzt bleib' ich bei dir, jetzt bin ich hier daheim.

Ich sag leise, Entlein klein, Entlein mein,

über uns leuchten jetzt die Sternelein. ...

Herzliche Grüße von hier Euer Entelein.

Es ist schon spät, wir gehen zur ruh',

dem Entlein, fielen jetzt die Augen zu!

2011

REICH MIR DIE HAND

und ich zeige dir mein Wunderland.

Drei Diamanten so hell und so klar.

Drei Diamanten mit Schleifchen im Haar.

Drei Diamanten sich drehen im Wind.

So wie Diamanten-Kinder eben sind.

Drei Diamanten mit Blumen im Haar.

So wunderbar,

so wunderbar,

so wunderbar.

ICH STEH' AM FENSTER und schaue dir nach.

Du meine Liebe. Auch wenn ich fast am Leben zerbrach.

Du gabst mir die Kraft, die Hoffnung und die Freude am
Leben zurück.

Du meine Liebe, Du mein Glück.

DER TAG BEGINNT, ein Vogel singt.

Und mit dir ging, ein Schmetterling.

Sie zeigen dir, der Freiheit's Zier. Ja, jetzt kann ich es wagen,

jetzt werd' ich vom Glück und von Gott getragen.

SO SITZE ICH NUN HIER

und träume so vor mir,

ich genieße die Stille und schaue meinem Vöglein zu.

Ich genieße die Stille und die Ruh'.

Von fern hört man ein Donnerhall,

das Dröhnen der Motorenschall.

Über mir ein Wolkentanz,

doch ich träume von der Liebe, von dem Glück und von
dem Glanz.

Gestern ist vorbei und morgen ist noch nicht

und heute hilft uns unser zweites Ich ...

und unsere Vogelschar

uns durch den Tag, - Wie wunderbar. –

Neben mir mein Herzilein,

Wir lauschen jetzt der Drosselklang,

sind nicht mehr so allein.

Das hält ein Leben lang.

DU SOLLST NIE MEHR TRÄNEN WEINEN,

die Sonne soll in Deinem Herzen scheinen.

Glückseligkeit und Seelenglück

kehre für immer in Dein Herz zurück.

Dieses überbrück; sie bringen Dir das Glück

und die Freude am Leben zurück.

DER SONNELICHT und der Sternenschein,

süßes Glück in einem Herzen.

Dieses Glück gehört dir allein.

Denn du bist mein kleiner Sonnenschein.

IN MEINEM GARTEN blühen viele Blumen fein,

auf ein Ästchen ein Vöglein singt dazu allein.

Und mittendrin wie ein Traum,

blüht mein kleiner Apfelbaum.

DEINE AUGEN STRAHLEN wie der Sonnenschein.

Glück ist der Augenblick fröhlich zu sein.

Der Moment ist kraftauftankend, bei einer Kaffeepause.

Der Genuss ist das Zuhause

das man sich schenkt.

Du an meiner Seite;

und die Augen voller süßer Licht.

Das alles ist wie ein schönes Gedicht.

DER MENSCHEIT GUNST,

Ist die höhere Kunst,

Die Hoffnung ist immer da,

und der Tagesmühen Last.

Gibt man sich auf? Ach, wie gerne,

wäre ich jetzt bei meiner kleinen Stalllaterne.

Freie Natur, wandere ich durch Wald und Flur.

Blumen am Straßenrand lächeln mir zu.

Ein Schauspiel von Himmel, Bildung und Natur.

Allein der Mensch, vergisst oft nur,

dass er nur retten kann; --- Die Natur ---

HIMMEL UND ERDE, Liebe und Leid.

Ein Herz, das glücklich, ist zum Kompromiss bereit.

Das ist eine Poesie, dazu passt eine schöne Melodie.

Ich hörte sie, unsere Mozart-Melodie.

und das vergess' ich nie.

---Danke---

WIE DIE AUGEN, süßes Licht, Blumen und ein Herz voller
Erdenglück.

Im Sonnenlicht, strahlt goldengelb der Raps. Die Wiesen
voller Blütenpracht.

Himmel und Erde, ein wunderschöner Traum.

Das die Menschheit sich verträgt und lange noch blüht mein
kleiner Apfelbaum.

Ein Traum zusammen voller Glück und Einigkeit.

Das Natur und Schönheit sich begegnen. Das alles ist mein
Traum.

Wo Gott und Menschheit sich in Frieden begegnen.

Glück, Frieden, Einigkeit, wo jeder ist zur Hilfe bereit.

Wo kein Hass herrscht, wo kein Hunger die Menschheit
treibt.

Wo jeder für jeden da ist und zur Hilfe bereit.

Nach Zeit und Raum, das ist mein Traum.

Drum reicht Euch die Hand,

sie ist das, was die Menschheit einst verband.

Ein Traum --- mein Traum ---

ROCKY DENKT, schaut her, seh' ich nicht

schön aus. Ich bin ein Star.

Hab' ich nicht ein schönes Gesicht.

Ein Lächeln, so lieg ich auf dem Rasen.

Und wo ich auch im Garten umherblick, sehe ich

Blumen, Vogelhäuschen und höre Schritte. Der Tag sich zur
Ruhe neigt.

Die Sternlein am Himmel schön funkeln und der Mond sich
zeigt.

Rocky denkt jetzt, Frauchen und Herrchen,

ich schenk Euch mein Herz. Die Menschen die sich lieben,

sind für mich jung geblieben.

Jetzt seid ihr der Star.

Und ich, der kleine --- Narr ---

Danke, sagt Rocky.

IN MEINER MUTTERS GARTEN blüht eine Linde.

Sie biegt sich und neigt sich im Winde.

Wo einst ich spielte, ein Kinderglück.

Jetzt sitz ich hier

Und durch mein Haar, weht leis der Sommerwind.

Auf mein Schoss mein Enkelkind,

erzähl ich von der Linde. Es ist kein Traum,

in meinem Garten, vor mir, blüht jetzt mein kleiner Apfel-
baum.

ICH HAB' EIN TRAUM,

von einer schönen, grünen,

bunten und heilen Welt.

Von einer schönen Welt,

die von Liebe und Verständnis

geleitet wird. Von heilen Blumen,

wo kein Öko-Leid herrscht.

Wo blühende Täler der Sonnenlicht

dem Horizonte treffen.

GLÜCKLICHE MOMENTE im Leben,

das ist das Schöne, kein Sehnen.

Der Duft, der Frühling, ist da.

Blumen, Blätter und die Seele singt dazu.

Das Hörbare fühlen.

Der Wind säuselt durch die Bäume.

Sie lassen uns mit offenen Augen träumen.

Wie schön am lächelnden

Morgen den Frühling und das Herz

mit den Sonnenstrahlen aufzuladen.

Das ist, wie Freiheit.

Neue Kraft, lassen uns lauschen.

Als stünde ich am Meer

und hörte die Wellen rauschen.

Hier treffen sich, Mensch und Natur.

Wie schön, das es das gibt. Das Meer, die Natur,

sind im Leben, die schönen Momente.

Und alles was man liebt.

DER MORGEN ERWACHT,

stolz und klug zeigen sich die ersten Sonnenstrahlen.

Leute blicken im Augenblick, der Sonne entgegen.

Wird es ein schöner Tag, ohne Sorgen?

Denk ich schon voraus auf's morgen.

Haben wir Zeit, fühlen wir uns geborgen.

Ein Stirnerunzeln, des Nachdenkens.

Doch ich finde beim nächsten Klick,

schöne Radiomusik.

So freue ich mich heute schon,

auf den schönen Morgen.

Auch wieder ohne Sorgen,

das gibt Kraft und Freude, auf den neuen Morgen.

IN DER NATUR das Schöne seh'n,

durch das Leben einfacher zu gehen.

Kein Abschied, ich komme gern.

Und wo die Kornblumen blüh'n.

Ein Schmetterling auf Glockenblumen sitzt.

Alle Menschen sich darüber freuen.

Die Zeit uns streift all die schönen Dinge zu sehen.

Und mit Vernunft dran vorüber zu gehen.

Die Zukunft uns aus der Vergangenheit lehrt.

Die Zeit, wo Leben noch lebenswert.

Wo immer du auch bist,

da wo das Leben noch Zukunft ist.

Wo Blumen blühen schön wie diese,

Gänseblümchen auf der Wiese.

Hören wir die alten Lieder.

Immer gern und immer wieder.

DIE HARMONIE

des Menschen sind die

Wunder im Leben. Und die

Haltestelle von Licht und Güte.

Mit Sinn durch den Tag,

das ist, was ich mag.

Das was man liebt

und das was Gott uns gibt.

Es ist das, was man kennt,

oder das, was uns der Mensch nennt.

Glauben an Wunder. Der Menschglaube, was unsere Augen
seh'n.

Ein Stück des Weges, gemeinsam geh'n.

Felder, Wiesen und Wälder, als Wunder der Hoffnung für's
Leben besteh'n.

Die Blumen zu seh'n, dabei bleiben --- die Uhren steh'n. ---

Was um uns herum geschieht,

klingt wie ein Aufbruchs-Lied.

Sie schwingen sich nach oben wie der Adler.

VOR MIR LAUBBÄUME DES WEGES STEH'N,

blühende Landschaften,

die den Sommer zierten, werden grau.

Der Herbst ist da.

Die Blätter sich bunt färben.

Ich schließ die Augen

und denk' an dich.

Es kehre in dein Herze mein,

die Ruhe wieder ein.

Gerät unser Kreislauf

auch oft ins Wanken.

So machen wir uns von

–Herbst – Frühlingsgedanken. –

HEUT WILL DAS TELEFON NICHT GEH'N, es will nicht funktionieren.

Das Gerät bleibt still, so oft wir auch probieren.

Ein hin und ein her,

es will einfach nicht mehr.

Doch ein Klick

und jetzt geht auch wieder die Telefonmusik.

Ach, welch eine Hetz und Eile.

Und siehe da, dass Telefon ist wieder heile.

MEIN AUFBRUCH zu einem neuen Ziel.

Es ist kaum zu glauben, waren auch die Wünsche viel.

Ein Wanderererlebnispfad durchschritten mit Proviant im Gepäck.

Immer mit dem „Vorwärts" bis zum Ziel.

Stundenlang keine Menschenseele weit und breit

Nur die Natur in ihrer schroffen Schönheit.

So zählte ich Schritt für Schritt,

die Stunden mit.

Mal geradeaus, mal kurvig, bergauf

und bergab. Manchmal dachte ich, „gib auf!"

Doch dann, ich weiß nicht wie,

kam eine neue Kraftquelle, neue Energie.

Es war eine lange zehrende Route.

Doch ich dachte an Gott und die Welt und an das Gute.

Ich brauchte nicht viel,

so erreichte ich mein Ziel. –

Ich danke Gott dafür,

es öffnete mir eine neue Tür.

War ich auch lange allein,

so kehrte ich mit neuen – Lebenseindrücken –

zu meinen Lieben wieder zurück „endlich daheim."

WAS WÄRE DAS LEBEN

ohne die Sonne.

Wenn sie dich früh am

Morgen anlächelt.

Sie gibt uns das Leben, hier auf

unserer Erde.

Komm' zu mir.

Wenn die Sonne dich mit ihrem warmen

Strahlen streift,

den ganzen Tag.

Glaube an den Sinn, des Lebens, an die

bunt gemischte Wiesenpracht.

Geh' zu ihr.

Leben, Hoffnung und ein Stück Glück,

ist das, was ein zufriedenes

Leben ausmacht.

Bleibe hier, bei mir.

DAS TOR MEINER TRÄUME ein Fenster war.

Es ist so schön, die Wirklichkeit zu seh'n.

Der Ausblick, eine Pracht, ein Paradies.

Alles was ich seh' ist das.

Ein Kommen, ein Gehen, es gibt soviel zu seh'n.

Ich denk' an dich. Es ist so schön hier zu steh'n.

Es ist so schön hinaus zu suchen. Vor mir das Leben in seiner Pracht. —

Ich stehe am Fenster, der Gedanken viel.

Die Eindrücke, sind jetzt schon zu spüren. Ist dieses, das er-
klärte Ziel.

Jetzt stelle ich mir die Fragen.

Mein Fenster wird mir die Antwort darauf sagen.

Irgendwann, irgendwie die Zukunft alleine tragen.

Lass, das Lächeln in dein Herz hinein.

Ich denk' an dich, drei Jahre lang.

Nun fang ich, für dich wieder, den Sonnenschein ein.

EIN LÄCHELN, die Welt durch die Zeit geleitet.

Ein Lächeln, die Menschen Glück verbreitet.

Ein Lächeln, der Hoffnung ob Nah' ob Fern'.

Ein Lächeln, heißt, ich verzeihe dir gern'.

Ein Lächeln, du lächelst mir zu.

Ein Lächeln im Herzen, geben dir Ruh'.

Ein Lächeln, erhellt die Welt.

Es ist so schön, jetzt lächelst auch du.

Ein Lächeln, ist mehr wert, als Geld und Geld.

Ein Lächeln, heißt, ich hör' dir zu.

Ein Lächeln, sollte regieren die Welt.

Ein Lächeln, heißt, ein Ich und Du.

Ein Lächeln, die Seele, aller Menschen erhellt.

Ein Lächeln, bringt den Frieden auf den Welt.

Ein Lächeln, für Glück und Frieden sorgen.

Drum, lächle auch du, ob heut' oder morgen.

Ein Lächeln, von dir, heißt: --- Lächele mit mir. ---

IN SEINEM HERZEN DIE LIEBE, die Freude und das Glück.

Dir gibt er damit die Kraft und die Hoffnung wieder zurück.

Wie ein Stern leuchtet sein Herz.

Wie ein Engel vergisst du den Schmerz.

Die Ruhe kehre in dein Herz ein.

Du wirst immer mein Schätzchen sein.

Das schönste Geschenk, was du mir gibst,

ist, das du mich liebst.

Schicke als Geschenk, den Stern mir,

Dafür lieb ich dich, dafür dank ich dir.

Und das ganze Leben lang bin ich bei dir.

IHR GEFÄLLT DER BLICK AUFS MEER.

Etwas mit den Händen schaffen.

Eine lange Zeit verging, über ihr ein Wolkenmeer.

Mit der Fantasie auf Reisen geh'n.

Und wenn die Blätter gelb und bunt fallen, dann ist es
Herbst.

Die Herbstsonne, mit Blick aufs Meer.

Der Augenblicke viel, ist das der Weg, ist das, das Ziel.

Ist das der Zeiten viel?

Die Blätter tanzen durch die Luft.

Ist das, das Leben, ein Herbstduft,

ein Sausen in den Lüften.

Das ist der Weltmeeren viel.

Die Wolken rücken immer näher.

Ich bin in Gedanken bei dir.

Doch jetzt muss ich mich beeilen,

denn der Regen ist da.

Und die Blätter tanzen ihr Blätterspiel.

DA WO HOFFNUNG IST DAS ZIEL.

Ein Mensch erreicht im Leben viel.

Auch viel durch Arbeit leisten kann.

Silver Star, Sandro Hit und Gardesstern sind heute dran.

So die kleinen Dinge, den Weg durchzogen.

Durch Willen und durch Wogen.

So wurde alles mit viel Glück

zu einem Meisterstück.

Zuvor kommen noch Landor,

Ragando und Pandor.

Was einst erschaffen mit eigener Hand.

Die Kraft, ein Geschenk des Arbeits-Zieles,

ist des Glückes viel.

Ob Goldsteine, ob Vulkano, oder Herzensdieb.

Ich hab sie alle gern,

ich hab sie alle lieb.

SEIN DANK, war ihr ganzes Glück,

das was sie liebt, gab er ihr zurück.

Auf dem Weg zu dir,

du bist mein Engel. Ich bin hier.

Früh am Morgen und der ganzen Tag.

Du sollst wissen, das ich dich mag.

Ich bin stolz auf dich und unser Glück

und auch auf mich. ---

Ich denke an Dich.

Du, und die Liebe, das Glück und ich

strahlen in deinem Gesicht.

Wie das Sonnenlicht.

Dem Himmel, sei Dank, dass Gott

– dich mir gab. –

ROCKY, IST MEIN FREUND

und ein ganz, ganz lieber.

Durch die Straßen, durch die Gassen,

überall die Menschenmassen.

Die Menschen eilen heim,

aus ihrem Schaffen.

Und von fern, dass Echo der Motoren.

Über uns die Zugvögel zieh'n,

in die wärmeren Länder.

Es rascheln die Blätter und der Himmel ist grau.

Wo sich die Wolken auftürmen, der Wind weht lau.

Jetzt geht's durch den Park und neben mir,

mein Rocky und die Blätter fallen.

Wo geht alles hin?

Für Rocky und mir geht's jetzt wieder heimwärts.

Da weiß ich wieder, wohin und wo ich bin.

DAS LAUB DER BÄUME im Winde fällt.

Gedanken umschließen die Welt.

Die Blätter, sie fallen bunt und schön.

Mit den Gedanken spazieren zu geh'n.

Was die Augen erblicken, mein Herz vor Freude schlägt.

Die Gedanken gehen auf Reisen.

Berge, Täler und Meere, ziehen mit mir in die Fremde.

Ob da auch leuchten jetzt die Sterne.

Ach, wie gerne würd' ich die Liebe,

die Sonne und das Glück um mich seh'n.

Die Welt, so bunt und schön;

Wie die Blätter der Bäume.

Es ist so schön, jetzt auf Reisen zu geh'n.

Die Ferne, den Himmel und die Sterne zu seh'n.

Mit den Gedanken, bin ich bei dir.

Den Sonnenuntergang,

die Purpurfarben

den Sternenhimmel.

So lebe ich gerne mit dir, auch hier, in der Ferne.

Auch, wenn hier jetzt fallen die Blätter.

Heimat, ich hab' dich so gerne.

GLÜCKLICH, wer den Sonnenschein lässt in sein Herze rein.

Fröhlich, sei der wer sich mit den Kindern noch freuen kann.

Sinnvoll, sei das was das Leben mit Inhalt füllt.

Freude, wer den Vogel noch singen hört.

Leben, wer die Zeit, als ein Geschenk annimmt.

Erinnerung, wer auf Vergangenes gerne zurück blickt.

Glück, wer der Stundenschlag

Und der Erdenglück, die mir Gott und Dich gab.

Glücklich, wer die Zeit mit Licht füllt, und nicht mit den
Morgen weicht.

Begleiter, wer all das Schöne erlebt und das Unmögliche er-
reicht.

Zufrieden, da wo die Blumen blüh'n

und zufrieden auf ein langes, schönes Leben, was mi Gott
hat gegeben, zu seh'n. ---

VIEL HALT IN MEINEM LEBEN.

Hat Rocky, mein kleiner Hund mir gegeben.

Jeden Tag, ein Stück spazieren gehen.

Dabei hat man vieles schöne gesehen.

Die Straße lang und gleich nebenan,

die Pudeldame.

Was so schön und wunderbar,

was man beim Gassi geh'n,

alles kann seh'n.

Durchs Gestrüpp und durch die Hecken,

gab es so viel Neues zu entdecken.

Durch Zufall sahen wir,

die Pudeldame mal da und mal hier.

Ach, wie schön ist doch das Leben,

was mein treuer Freund Rocky

mir jeden Tag hat gegeben. ---

Du warst mir oft in der Not eine Stütze,

dafür lieber Rocky, stricke ich dir jetzt --- eine Mütze. ---

VON ÜBERALL blitzen jetzt die Lichter.

Es leuchten da wie hier die Kerzen, an Fenster und Tür.

Es ist so schön, überall glitzern Sterne,

ein Weihnachtsmärchen liegt nicht mehr fern.

Jeder kauft und gibt jetzt gern'.

Und lässt leuchten die Lichter, wie ein Stern.

So wird man glatt zum Dichter.

Das soll heißen; ... Ich hab' dich gern. ...

- Adventswünsche –

ZUM ERFOLG und zum Ruhme,

brachte mich einst, eine kleine Kornblume.

Irgendwo ein Kinderlachen,

irgendwie sich Sorgen machen,

Irgendwann, ich lächle, weil ich weiß,

dass das Leben auch anders sein kann.

Die Vögel ziehen, ein Wegweiser, der Zeit.

Wenn auch du bist so fern,

bist du doch mein Glitzerstern.

Wenn die Kornblumen blühen, so schön und so blau.

Es ist wie es ist, an nichts denken, die Stille, bis auf einmal kommt ein „Wau".

Mein kleiner Rocky mich aus mein Zeitlupentempo holt.

Dieses heißt: „Jetzt frag nicht viel." So wie das Leben ist, in Stadt und Land.

Jetzt heißt es: Heimwärts geh'n.

Sonst werden bald die Sterne glitzernd über uns steh'n.

Das find' ich jetzt auch, mein kleiner Rocky ist doch sehr schlau.

Er hat's wohl verstanden, denn die Antwort war, … „Wau, Wau." …

UNSERE FREIHEIT, der Menschheit.

Die Hoffnung ein goldenes Ziel.

Mit Blumen geschmückt,

einmal vor, nie mehr zurück.

Mit Sinn und Verstand,

wird gelenkt so manches Land.

Man kann viel erreichen mit einem einfachen Dank.

Wie Mühlenflügel sich im Winde dreh'n,

mit Mut und Stolz nach vorne seh'n.

Siegen und sich Bekriegen darf niemals das Ziel sein.

So wird das Zusammenleben, wie ein Applaus sein.

So lehrt das Leben, auch zu geben.

Augenblicke wie ein Vogelgesang,

die Zeit läuft durch den Erdenball.

Der Zeitschritte uns das Schöne und Erden sehen lässt.

Wenn man in den Pfützen den Regenbogen sieht.

Wenn der Morgen, neues Leben uns sehen lässt.

Allwärts blühen Blumen, die Menschen lächeln sich zu.

Die Vögel in der Luft,

die Pferde auf den grünen Wiesen und Weiden.

Und inmitten dieser Wunder-Natur-Pracht, bist du,

… Mensch aufgewacht …

ÜBERALL EIN LICHTLEIN BRENNT.

An deiner Seite ein Schatz,

der deinen Namen nennt.

Es ist so schön, immer wieder,

den Weg gemeinsam zu geh'n.

Das Glück an deiner Seite.

Und liebe Kinder, die dich kenn'.

Sei glücklich und zufrieden.

Es ist das größte Glück,

das alle dich lieben.

Die Liebe, die du einst ihnen gegeben,

wird dein Glück und deine Liebe jetzt sein.

So kehrt die Liebe in dein Herz zurück …

AUCH EIN GRAUER HIMMEL kann schön sein.

Ein trauriger Tag, ein Sonnenschein.

so nun Trübes, zum Glänzen bringen.

Die Sonne heilt „Leid und Übel."

Das Leben zu versteh'n,

heißt mit festen Blick nach vorne seh'n.

Wo einst mit Pferd und Wagen,

wurden die schweren „Lasten" getragen.

So kann auch ein leichter Regen.

Ein lebenslanges Lernen.

Neue Lebensweise mit „Gottes Segen" geben.

Da ist Medizin, ein schönes Wort.

Es treibt die verhangenen Wolken

und die trüben Gedanken fort.

WOHER WEISS MAN WAS,

hat man nicht schon

längst, ein Herz aus Glas.

Die Sonne war schon lange verschwunden.

So manches hinterließ Wunden.

Eine sichere und saubere Umwelt.

Ein Tag, wie er schöner nicht sein kann.

In Gedanken bin ich bei dir.

Du bist so fern und doch hier bei mir.

Sowas ist schön, das mag ich gern.

Du liegst mir am Herzen, du mein Schatz, du mein Stern.

GLÜCKLICHE AUGEN, glückliches Herz.

Alles, was im Herzen ich trag.

Zu sprechen mit dir, den Weg

ich ging und was noch alles vor mir lag.

Wunder über Wunder

und die Augen strahlten mit.

Den Blick zum Himmel, was wünsch' ich mir.

Die Wehmut jetzt verflogen.

Die Zuversicht und Gottes-Segen.

Soll mich und dich begleiten, auf all' unseren Wegen.

Was wünsch' ich mir.

So wurde aus der Traurigkeit,

neuer Mut auf ein neues Leben.

Eine neue Reise, in ein neues Über-Leben.

Das war ein Glänzen in meinem Herzen.

Und jedes Laufen, jeder Gang,

war ein Denken an ein neues Leben.

Ohne Stress und ohne Zwang.

Es hat sich gelohnt; „Gott sei Dank."

DU BIST IN MEINEM LEBEN,

ein Ruhepol, die Kraft, die mir neu gegeben.

Wieder gern, und ohne Scherz.

Es verzaubert immer wieder mein Herz.

Im Laufe meines Lebens,

lernt man Menschen schätzen.

Die Geduld und die Ausdauer,

trifft mich mitten ins Herz.

Dein Lebensglück, fasziniert mich.

Deine Zufriedenheit, dein persönliches Glück.

Glückliche Zeiten,

sich freuen „Von ganzem Herzen."

UNSERE SCHÖN NEUE WELT, auf welche Art und Weise.

Träume von Ruhe und Gelegenheit.

Mit jeden neuen Morgen, beginnt die Zeit.

Ein Abschied nehmen und im nach Hause kommen.

Ich werde bewaren, was ich einst gelernt.

Darüber die Zeit vergessen, wenn die Dämmerung kommt.

Auf die Uhr zu schauen

Und kleine Luftschlösser bauen.

Das ist wirklich ein Wunder, mein kleiner Stern.

Das nenne ich Glück, auf all das schaue ich gern.

Rund um die Uhr, ist das die Zeit, die wir kennen.

Es sind Teile, der Erinnerung.

Dieses alles will ich Glück nennen.

Du musst an dich glauben. Deshalb bin ich hier.

Die Uhr zeigt die Zeit, für uns alle, zeigt sie dir.

Das soll heißen, alle zusammen, oder ein „Wir."

AM DORFRAND, ein kleines Haus stand.

Bewachsen mit Efeu.

Rosen verzieren den Weg bis zur Tür.

Ringsum Wiesen und Wälder.

Wunderschöne Bäume

in ihrer Blütenpracht.

Ich pflück' für dich,

die Knospen roter Rosen.

Die Zeit vergangen ist.

Wo du einst gegangen bist.

Jetzt ein Stadtbild zu sehen ist.

EIN GRENZENLOSES LAND.

Wo Vögel in großer Zahl, im Schwarm fliegen.

Wo die Landmassen vor einem liegen.

Wo nicht mehr zählt die Zeit.

Auf dem Weg zur Gegenwart.

Wo das Leben weitergeht.

Wo grenzenlos ist die Zeit.

Wo man plötzlich aufwacht,

in einer ganz anderen Welt.

Wo die Vögel von hier oben,

für dich die Wolken haben beiseitegeschoben.

2012

DIE SONNE DER TRÄUME, ist die glückliche Zeit mit dir.

In deinen Augen leuchtet das Glück, wie ein Licht.

Die Blumen blühen und du gibst mir

von deiner kostbaren Zeit, das Leben.

Es ist die Luft, die man zum Atmen braucht,

Zwei Fenster, ein Bild, auf all' unseren Wegen.

Du gibst mir die Kraft und Gottes Segen.

Deine Liebe, ist wie die Blumen,

nach Maß, für mich, von dir geschmiedet.

ICH BIN VON DER SCHÖNHEIT und der Stille

der Natur überwältigt.

Es ist das Herz der langen Wege.

Ein Stück Natur, unendlicher Weite.

Meine Augen sehen ein Bild,

ein Schaufenster, der Naturgröße.

Das Schöne am Himmel und in der Weite zu sehen.

Die am Himmel ziehenden Wolken,

sind wundervoller Bilder.

Die Sonne ein Paradies der Wärme.

Es ist wie ein Wunder, als würde ich,

die Welt in meinen Händen halten.

Als hielte ich ein Edelstein in meinen Händen

und beware es in meinem Herzen.

Die Wunder der Welt,

sind ein Geschenk Gottes,

für die Menschheit

hier auf Erden.

EIN VORHANG VOLLER BLUMEN, lässt ein durchsehen
der Seele möglich.

Der Blick auf sich, sagt, ich bin allein.

Die Liebe, malt dir eine Rose, fein.

Im Wasser spiegelt sich dein Angesicht wieder.

Von fern höre ich schöne Lieder.

Mein Herz, das voller Glück lacht.

Eine Quelle des Wassers, des Lebens erwacht.

MIT DEN WOLKEN SCHWEBEN, die Gedanken zu dir,

meine Liebe.

Wie mit der Kraft eines Schmiedehammers,

reisen meine Gedanken zu dir.

Wie ein Uhrwerk ziehe ich mit der Zeit.

Die Schönheit über den Wolken seh'n.

Die Hand des Schmiedes formt die Blumen

Aus Eisen. Hartes Eisen, lässt sich formen durch

„des Schmiedes Kunst".

Die Kunst des Schmiedes, ist die Fähigkeit,

dem Eisen, Formen und Leben

zu geben.

Die Blumen, die du schmiedest,

zieren jetzt;

„Unser Zuhause".

GEDANKEN, die eine Blume malen.

In Gedanken male ich Blumen der Zahl viel,

eine Blumenwiese ist das Bilderziel.

Wir blinzeln durch die Sonne, die uns Wärme gibt,

und die Seele neue Farben gibt.

Die Sonne gibt meinem Herzen

Licht und der Seele Ruh'.

Im Leben, steckt der Geist des Nachdenkens.

So ziehen meine Gedanken

durch Straßen der Alleen.

Hinter den Wolken, liegen

die Berge und mit ihnen

ziehen auch meine Gedanken mit.

EIN BLÜTENZAUBER DER NATUR.

Gottes Wege gibt es viel.

Deine Hand streichelt mein Gesicht.

Wir geben der Zeit, Stunden und Tage.

Die Sonne gibt uns das Licht.

Die Wirklichkeit, ein Lebensziel.

Ein Sonnenblitz, ist die Frage.

Ein Zauber liegt in der Musik.

„Es öffnet mir die Tür zu dir."

EIN FENSTER, ist der Blick, in die Welt,

„ein Fensterblick". Es kehrt eine Ruhe der Oase ein.

Die Ruhe gibt der Seele Rast und Ruh'.

Bilder besserer Zeiten. Das Fenster eines Zeitabschnittes,

das was das Auge sieht.

Es sieht das, was gerade der Realität streift.

Worte die der Seele und dem Herzen guttun.

Türme des Schweigens ziehen durch

den Gedanken-Zauber.

Es ist so schön, dass es dich gibt.

Alles zusammen bildet eine Einheit des Lebens.

Es ist die Lebenseinheit.

die dich von Kindheitsbeinen an begleitet.

Es ist das, was du einst lerntest. Was einst

Mutter dir mit auf dem Weg gab.

Es soll dir ein guter, gesunder Weg ins Leben sein.

Halte dich dran und du wirst sehen,

es gibt kein besseren Weg.

Der Glanz in meinen Augen,

ist dein Bild vor mir.

EINE BLUME WIEGT SICH IM WINDE,

auf ihr ein kleiner bunter Schmetterling.

Ich denke an dich und an meiner Linde.

Die ganze Welt schaut zu „Gottes Licht."

Die Sonne versinkt in der Dunkelheit

der Nacht. Die Wege, die ich gehe werden

vom Himmel begleitet. Deine Hand

gibt mein Leben einen neuen Sinn.

Stätte einer längst vergangenen Zeit.

Der Augenblick,

legt dir die Welt zu Füßen.

Wir geben der Zeit,

Minuten, Stunden und Tage.

Die Zeit zum Denken,

gibt dir Aufgaben

für den Tag.

FREMDE WELTEN, neue Horizonte.

Das ist die Straße der Zukunft.

Mit einem leuchtenden Blick.

Hier ist das Haus der vielen Lichter

und Gesichter. Hier kann man den

Fortschritt nicht mehr aufhalten.

Dann erscheint sie, die Sonne.

Voller Zuversicht, sich ein jeder nach

„Vorne bewegt".

Die Wolken türmen sich wie

Riesen auf. Hier irgendwo dazwischen

liegt, die bunte Bühne, der Menschen.

Dies ist eine andere Welt.

Hier zählt:

„Biste was oder haste Geld."

EIN PAAR MINUTEN ZEIT.

Aus Bildern, lerne Worte lesen.

Erinnerungen an längst vergangenen Zeiten.

Und was liegt dazwischen?

Bilder gehen um die Welt.

Könnte die Erde, wie ein Ball fliegen?

Die Vögel sind die meiste Zeit ihres Lebens

in der Luft. Da wo Himmel, Wasser und Erde

sich treffen. Dort könnten Welten dazwischen

liegen. Es sind zeitliche Reserven.

Beim Aufstieg einer Treppe, kommt

man den Himmel immer ein Stückchen

näher. Die Treppenstufen zählen die Schritte

der Menschheit.

Glück, Freude oder Einsamkeit.

Wo der Mensch

sich ein „Wofür" fragt.

DAS TOR ZUR MORGENRÖTE, aus der Ferne hört

man ein Lied der Panflöte.

Von einer längst vergangenen Zeit.

Vor mir ein Panorama in ihren leuchtenden Farben.

Über mir zahlreiche Vögel, reizvolle Kontraste.

Auf den Blick durch leichte Wolken.

Himmelsweite dorthin wie eine Brücke.

Wie auf ein Schloss aus dem Bilderbuch.

Unter freiem Himmel die Wunderwelt

der Vögel, ohne Schranken und ohne

Lücken. Ein faszinierendes Bilderbuchziel.

Ein wunderbares Himmelsspiel.

DAS ZUHAUSE ist meine kleine Welt.

Die Wirklichkeit in einer modernen Zukunft.

Die Blicke wandern durch die Räume.

Mit einem Lied kommen die Träume.

Hier ist ein Lächeln, das Herz der Erde.

Die Blüte der Blumen, wie unterm himmlischen Zelt.

Dem Weg dorthin, mit Wünschen Landein, Landaus,

hier ist mein geliebtes Elternhaus.

DIE HEIMAT VOR DEN PFERDEWEIDEN.

Ein Zauber meiner Kindheit.

Wo Ruhe und Gelassenheit bei dir bleiben.

Wo das Sternenbild deinen Namen zeigen.

Träume von der Sehnsucht nach dem Leben in der Stadt.

Hier, ist meine Heimat, wo mein Dorf nur bekannte Gesichter hat.

Hier wo Lärm und Hektik kein Platz findet.

Wo sich die Natur in der Seele wiederfindet.

Hier, wo ich groß geworden bin.

Wo die Kindheit zu uns spricht.

So viel Zeit, der kurzen Wege.

Spielwiesen und Weiden.

Hier brennt in meinem Herzen immer ein Licht.

Hier, wo die Einsamkeit noch in Ordnung ist.

Es bleibe Heimat, es bleibe Licht.

EIN PRACHTVOLLES BLÜTENZAUBER Bild voller

Blumen, Wiesen und Wälder.

Trotz des starken Verkehrslärms.

Sowie eine Luftbahn des Lebens.

Die Schritte der Einheit und die Schönheit.

Das Gesamtbild einer Einheit.

Zwischen Himmel, Luft und Erde.

Ein Filter von Luft und Teer.

Der Zeit eines Umbruch's voraus. Wie ein Vogel,

der zum Fliegen seine Flügel weit ausbreitet.

Eine Erholung von Leib und Seele.

Ein Spaziergang durch weltliche Ruhe und Kraft.

Durch Grenzen und Schallgrenzen.

Für die heutige, jetzige Zeit, für die ganze Welt.

Wir durchschreiten mit der Kraft den Acker,

dass auch hier wieder blühen die Felder, Wiesen und Wälder.

WIE MIT DEM ZUG durch Erinnerungen, mit den Gedan-
ken reisen.

Wie am Fuße eines Berges, sich die Wege teilen.

Zeit der Generationen beeindruckt.

Den Lebensraum, die Lebensweisen.

Diese gelebte Zeit mit den

Gedanken, über Wiesen und

Felder. Durch alte Gemäuer

streifen Erinnerungen, durch

meine Hand. So ziehen die alten

Alleen durch meine Träume.

Die untergehende Sonne zieht

durch Zeit und Raum.

Und lässt mich erwachen aus meinem

einzigartigen Lebenstraum.

Von hier aus geht die Welt im

Eiltempo voraus.

Von hier aus begleitet die

fortgeschrittene Technik,

das Leben auf Schritt und Tritt.

„Und der Mensch muss mit."

IN MEIN HERZ, da meine Liebe

blüht eine Rose, und es geht weiter Vorwärts.

Die Zeit mit dir war schön, mit der Hoffnung nach Vorne
schau'n

Du bist mein Tor, meine Kraft.

Lässt allen Schmerz vergessen.

In dem Glück, liegt die Kraft.

Die Quelle, ein Wort voller Wunder.

Das alles hast du besessen.

Alle Sterne rufen:

"Ich will bei dir sein."

Ein Lied zwischen Himmel und Erde.

Es ist das Lied, das du glücklich werde.

Ein Leben voller Glück und ohne Tränen.

So soll ein jeder glücklich werden.

Des Tageslast und des Tagesruh' sagen: Ich und du.

Des Glücks und des Herzens Ruh' "Bist du."

WIR SUCHEN DAS PARADIES, in der großen Weite.

Der Traum vom Glück.

Mit einem Gebet, schaue ich der Zeit voraus.

Überall auftanken unsere Kraft und Seele,

des Herzensglück.

Die Geradheit und Wahrheit, der Freundschafts-Stern.

Durch Mutters Hand, seh' ich jetzt die Bilder an der Wand.

Die Sterne scheinen für uns alle.

Die Zeit, ein Zauberwort, des Denkens und ein Glauben,

was wir „Weite" nennen.

Die Gedanken, ein Blumenmeer, der Weltenuhren.

Der Tag über der Zeiten-Zahl.

Schenke Heiterkeit und Glück. So kehrt das Schöne,

als Musik zurück.

Das ist Lebensglück.

GEBE DIR UND DEM LEBEN, einen neuen Sinn.

Einen Tag von Gelassenheit und Träume,

über den Wolken mitnehmen.

Ein schönes Wort, geben dir ein Lächeln.

Die bunten Farben, lassen mir ein Bild sehen.

Glauben ist auch Hoffen.

Ein Bild mit Inhalt füllen.

Unsere Mutter Erde, der Sternenhimmel.

Und die Zeit, wo man sich die Hände reicht.

Wie ein Bild, seh' ich die Zeit vor mir.

Das Sehen mit der Sonne, ein Frieden mit der Zeit.

„Ist die Lebenszeit."

DIE WANDERNDEN VÖGEL, wir reisen der Sonne hinter-
her.

Können die Gedanken wandern?

Auf meiner kleinen Sonnenterrasse genieße ich die

überwältigende Stille. Meine kleine Taube ist bei mir.

Auf der Koppel grasen Pferde.

Ein einmaliges Schauspiel von Romantik.

Und wo die Reise hingeht.

Das wir in unserer Logo-Welt, uns wieder Zeit schenken.

Blickt man dem Treiben zu, über den weiten Horizont,

so kommt man aus dem Staunen nicht mehr heraus.

Die Lebensaugenblicke mit neuer Zuversicht sammeln.

Nun fliegt auch meine kleine Taube ins Blaue des

Himmels hinein.

Und ich fühle mich frei und genieße sorglos die Ruhe

auf meiner kleinen Terrasse.

Die Natur um mich herum, lässt mich glauben;

„Ich wäre auf einer kleinen Urlaubsinsel".

DEIN LÄCHELN, deine Liebe, deine Güte.

Das Glück ich in meinen Herzen hüte.

Die Hoffnung und die Kraft, die Augenblicke.

Das Leben, lässt uns versteh'n.

Mit der Sonne im Herzen, schau' ich gerne zurück.

Du bist mein Juwel, du bist mein Goldstück.

Das ist Glück, das ist Hoffen.

Und die Welt, steht dir offen.

Im Himmel und auf Erden.

Kann das Leben, lebenswert werden.

WIE EINE KLEINE INSEL der Glückseligkeit,

wenn der Tag langsam zu Ende geht und die

Zeit steht still.

Wo Herz und Güte zu Hause sind,

blüht das Leben.

Dein Lächeln, glückliche Stunden, was du mir

hast gegeben.

Ein Paradies, wie ein Vogel in meiner Hand.

So werd' ich träumen.

Schicke dir Grüße, durch das Land.

Dein Bild vor mir, an der Wand,

sagt: ich hab dich lieb.

So kommen die Grüße zu dir, die ich dir schrieb.

Es ist wie ein leuchtendes Licht.

Die Gedanken, vor mir dein Gesicht.

Mit dem Herzen und voller Glück, sende mir

Grüße zurück.

MIT SANFTEN WORTEN, wie der Orgelklang.

Blumen die blühen und Vogelgesang.

Über den Wiesen, weht der Wind.

Eine Poesie einer bunten Welt.

Die Rufe der Vögel, ein Sommertraum.

Mit frohen Blick, der Zeit voraus.

Wie ein Flughafen für Geist und Seele.

Die Sonne alles zum Leben erweckt.

Wie die kleine Zauberflöte, erklingen von Fern,

bekannte Melodien.

Mit jedem Schritt, trägt mein Herz,

deine Liebe mit.

Da, ist das Land, wo ich meine

Heimat fand.

DES LEBENS ZIELE, gibt es viele.

Des Tages Sonnenlicht

Des Tages Schaffens

Des Tages Ruh'

Ein kleines Lied sagt:

„Hör mir zu".

Der Welten, ist der Welten viel.

Der Weltfrieden

Der Welten Einigkeit

Der Welten Glückseligkeit

Mein kleines Lied sagt:

„ich und Du.“

Des Glückes Feind, ist des Glückes Freund.

Des Glückes Land

Unser kleines Lied sagt:

„Reich' mir die Hand.“

LANGSAM ERWACHT EIN NEUER TAG,

ein Blick durchs Fenster, sagt was vor mir lag.

Die Natur, ein Traum entlang der langen Gassen.

Wie ein Bilderbogen, die Wolken über mir zogen.

Und der Wind die Spuren langsam zudeckt.

Neue Hoffnung, fremde Melodien zu hören vom anderem
Ende.

Die Stunden, der, der abgelaufenen Zeit, geben dem Leben
eine neue Wende.

Ein Leben, wie auf der Rollbahn, der großen und der kleinen
Wege.

Und begleitet vom Rosenengel;

So liegt vor mir, die große, weite Welt.

Es sind meine Melodien. Ich habe gesucht

und hab' dich gefunden.

UNSER JUGEND BLÜTE, Glaube und Zuversicht.

Worte, die mein Herz erreichen.

Die schönen Seiten eines Lebens seh'n.

Hier leuchtet mein Stern, meine Sonne, meine Heimat.

Es ist ein Augenblick des Glück's.

Nochmal alle Wege mit dir zu geh'n.

Ein Engel uns begleitet, der Glanz, ein Sonnenschein.

Über den weiten Horizont.

Lieder meiner Fröhlichkeit und Lieder meines Herzens.

In Gottes bunten Garten,

lässt du die Augen leuchten und das Herz erfreuen,

wenn das Glück vor uns liegt.

Ein Leben, was die Jahre zählt und uns gerne

zurückblicken lässt.

Unsere Lebenswege, ein Blütenzauber

„aus Gottes Hand."

HINTER DEN BERGEN liegt mein Tal der Träume.

Mit dem Blick durch die Weite der Kirschblüte.

Das Tal vom Frühling umgeben, die ersten Frühlingsboten.

Es ist die Seele meiner Träume. Bilder der Harmonie.

Gesichter, aus den man das Leben lesen kann.

Auf den Weg dorthin, begleitet vom Licht der Sonne.

Der Wind trägt die Träume, zu dir und zu Gott.

Ein wegweisender Zauber von Romantik und Lebensfreude.

DER WIND TRÄGT DIE TRÄUME zu dir.

Gott und die Welt, der Sonnenstraße.

Der Schlüssel der Freiheit liegt bei dir.

Melodien des Lebens und ein Lächeln von mir.

Dein Lächeln ist Musik für meine Seele.

Das Leben ist doch nur ein Augenblick.

Deine Augen leuchten ein Licht,

und werden ihrem Weg erkennen.

Der Weg, schenke mir die Zeit.

Die schönsten Stunden des Tages. Alte Bilder bleiben im Herzen.

Das Tal vom Frühling gezeichnet.

Wenn das Leben zum Stillstand kommt.

Das Lied des Windes, ist das Lied von mir.

Mit der Bimmelbahn, unsere rote Emma durchs Land.

Auf den Weg dahin, eine unbekannte Fahrt.

Blumenblütenträume, eine andere wundersame Welt.

Eine Sonnenseite um mich mit Liedern vom Wind und von dir.

Als hätte ich ein Orchester um mich.

Du bist mein Licht, voller Hoffnung,

meine Blumenblütenträume, einer

friedlichen und glücklichen Welt.

WIE IM NEBEL durchschreiten wir

das Land.

Voller Hoffnung und voller Glauben

am Horizont.

Über uns leuchtet ein Stern.

Die besten Jahre haben wir uns geschenkt.

Die Wolken im Vorüberziehen, mit geschlossenen

Augen sehn.

Momente der schnellen Bilder.

Ein Bild vor Augen haben. Die Weite,

die Wolken, das Licht der Welt.

Musik der großen Worte.

Überall Blumen im Licht und du schenkst

mir ein Lächeln.

Du bist mein goldener Stern.

Der goldene Stern, ist mein.

DAS TAL DER GROßEN HOFFNUNGEN.

Ein Tal, das keine Antwort geben kann.

Nun danke dem Leben, die Zeit vor mir ist schön.

Bilder wie in Einzelteile sortiert. Es zeigt die Lebenszeit.

Eine Zeitebene immer der Sonne entgegen.

So bekommt alles irgendwann und irgendwo, ein Gesicht.

Über den Gipfeln ziehen die Wolken, in des Himmelsblaue
Welt.

EINE HANDVOLLER LICHTJAHRE. Wie Feuerringe,

von Klippen und Felsen umringt.

Wie vom Blitz getroffen, eine seltsame Welt.

Zeiten von Welten und Klänge. Wie ein Blitzgewitter,

ein besonderes Bild, zweier Welten. Blitzschnell

in die Naturwelten entlassen.

BILDFLÜGE OHNE DIE ZEIT und der Wind der von einst
erzählt.

Das Licht der Welt, wenn der Wind erzählt.

Ein Blick weit über Parkanlagen einmal um die ganze Welt,
wenn der Wind erzählt.

Wo man sich die Hände reicht und der Wind singt von
längst vergangener Zeit.

Wenn der Wind sein Lied erzählt.

Das Lied von Freiheit, ein Luftschloss und mein Mandel-
baum.

Und der Wind singt sein Lied dazu.

Ist hier die Einsamkeit der Weite, frag' den Wind, wenn er
erzählt.

Doch gerade deine Liebe eine Musiklandschaft voller wun-
dersame Lieder.

Lieder, die mein Herz bewegen.

Lieder die von Glück und Liebe leben.

Bis zum heutigen Tag. Wenn der Wind mir ein Lied erzählt.

Des Tagesblüten weites Land,

Gott hält schützend seine Hand,

über uns, wenn der Wind sein Lied erzählt.

DES LEBENS WELT, des Lebens Wonne.

Lebensfreude und es scheint, für dich, die Sonne.

Sei froh und guten Mutes.

Es schenkt dir Glück und Gutes.

Die Zeit füllt voller Wonne, so scheint

Für dich jeden Tag aufs Neue, die Sonne.

Glückliche Menschen zu seh'n mit der Zeit,

voller Freude durchs Leben geh'n.

Mit dem Herzen schenk ich dir,

das höchste Glück von mir.

ÜBER WIESEN, WÄLDER UND TÄLER,

mit dem Wind gezogen.

Bei jedem Blick mit der Sonne gewogen.

Über Wellen mein Aug' dir sagt.

Mein Blick zu den Sternen und mein Herz gehört dir.

Mit dem Wind gezogen und mit dem Herzen bei dir.

Der Himmel voller Rosen für dich.

Augenblicke, wo eine kleine Tante, dir Grüße bringt, von mir.

Du bist mein Glück und mein Herzschlag.

Ich denk' an dich und sage: „Vergissmeinnicht."

JEDE BLÜTE IST WIE EIN NEUER MORGEN.

Ich hab' dich lieb, mein Leben lang.

Und sage dir heute: Hab' Dank.

Du hast mich zärtlich gerufen.

wie mein Herz traurig war.

Du hast mich zärtlich gerufen.

als ich voller Sorgen war.

Mein Leben, Freude gegeben, so lieb es klang.

Und sage dir heute: Hab' Dank.

Deine Liebe von Herzen, es war das Schönste.

Alle Sorgen sind fern.

Und deshalb, sage ich dir heute.

Ich habe dich lieb, ich hab' dich gern.

Es ist wie ein „Vogelgesang".

Hab' Dank.

Hab' Dank.

DES LEBENSGLÜCK, des Glückes Schmiede.

Der Menschheit zum Wohle.

Durch Zeiten, der Blick gilt weit.

So strebt ein Jeder, durch Sinn und Hoffen.

Die Sterne am Himmel zeigen uns Geduld.

Durch des Tages Lauf und der Wind singt:

„Gib nicht auf".

So lieb ist der Gesang, der Schmiede.

Von immer auch her es klang, du bist der

König, du bist mein Stern.

Alle haben dich lieb und gern.

Die Zeit, ach, wie würd' ich doch gern.

Die Zeit zurückdrehen. Die Musik, der Klang, der Gesang.

„Von meinem kleinen Stern".

WEIT ÜBER DEM HORIZONT, die Sonne aufbricht.

Das Leben, der Tag so viel verspricht.

Des Lebens Freud und Wonne. Der Tag, so voller Mutes.

Er bringt Glück, er bringt Gutes.

Kein Wölkchen trübe den Tag.

Die Welt im Frieden, was uns allen gefällt.

Durch Gottes Gut und Segen

begleitet uns auf allen Wegen.

Wir auch immer uns beschützt, der Glaube, lehrt uns leben.

Die Zukunft uns vor Bösen

schützt und lässt uns besser Leben.

Die Zeit uns lehrt, „ach wie schön".

Wir sollen stets, fröhlich durchs Leben gehen.

Den anderen ehren und achten.

So lernt man das Leben aufs Neue zu betrachten.

WENN DER HIMMEL LACHT,

denke ich an dich.

Wenn die Sonne uns mit ihren Sonnenstrahlen wärmt,

denke ich an dich.

Wenn mein Aug' zur Sonne blinzelt.

denkt mein Herz' an dich.

Wenn tausend Blumen um mich herum blühen,

lacht mein Aug' und mein Herz jubelt vor Glück.

Wenn der Himmel wird mein Erdenschloss

funkeln die Sterne und mein Auge blickt

dem Horizonte gleich.

Dann denke ich an dich und die Sonne

strahlt für dich.

Sie hält dich im Arm.

Und das Glück, lacht dir zu.

EIN BLÜMELEIN, schenke ich dir.

Wenn der Frühling ins Land zieht.

In der Sonne strahlen Blumen, ach so schön.

Und die Vögel singen, wenn wir Zwei spazieren geh'n.

Lieder hört man durch Wald und Feld.

Die Sonne scheint für alle auf der Welt.

Mit dem Wind, treiben unsere Träume davon.

Und von Herzen danke ich dir.

Die Blumen blühen so farbenfroh.

So bunt und so schön.

Doch eine Rose blüht im Herzen, nur für dich.

Die Wolken tragen die Träume des Glück's

von mir, zu dir.

Ein Blümelein, schenke ich dir.

Mein Herze gehört dir.

GESTERN HATTE ICH NOCH EINEN TRAUM.

Einen wunderschönen Traum

von blühenden Blumen.

Wiesen voller bunter Blumenpracht.

Und mein Herz lacht.

Um mich herum mein kleines Entlein.

Mein Fenster voller Zier und Musik

geben mir die Fröhlichkeit durch den Tag.

Hier ist das Glück und der Hoffnung Glanz.

Immer wieder seh' ich den Glanz der Sonne.

Deine Augen sind der Sonnenschein für mich.

ICH STEHE VOR DER WEITE. Ich schaue in die Weite.

Weite, die vor mir liegt, die niemand weiß.

Was dahinter liegt, ist es was ich liebe?

Kommt vor mir die große Weite. Weite der weiten

Wege. Wege die ich geh'. Oder Wege, die ich nur seh'.

Alle Wege, sind Wege durch Einsamkeit ins Glück.

Sie gehen immer voran, nicht zurück.

So gehen wir gemeinsam den Weg in die Weite.

In die Weite, die da Zukunft heißt.

Eine bessere Welt, eine gute Welt.

Eine Welt in die Weite, der mutigen Wege.

Wege ins Glück, soweit das Auge reicht.

Ein Horizont der Wege / Ziel

und der Wege viel.

DIE GEHEIMNISSE DER WUNDER, bewegen die Welt.

Die Wunder der Schönheit und der Zufriedenheit.

Ein Wunder, wenn ein jeder Tag neu anbricht.

Ein Sonnenstrahl die Dunkelheit durchbricht.

Schritt für Schritt durch des Alltagstrott.

Wir machen uns schick, wir machen uns flott.

Des Lebens Zeit, des Herzensfreude und der

Frohsinn begleiten uns durch den Tag.

So freuen wir uns auf jeden neuen Morgen.

Mit kleinen Schritten hinaus in den Tag.

Lache und freue dich über ein fröhliches Herz.

Der Blick über die schöne Natur, ist ein

Wunder der Natur Gottes.

GÖNNE DIR DIE ZEIT, von der harten Arbeit.

Überall blühen Blumen, ein Sonnenlichterschein.

Es ist das Licht der Welt.

So bunt die Farben, so bunt ist die Welt.

Die Sonne lächelt für dich und du lächelst für mich.

Zauberhaftes Lächeln.

Der Farbenteppich, eine Zierde deines Herzens.

Über Wacholderwiesen laufen wir dem Glück

des Lebens entgegen.

Diese Zeit der Blütenträume, wir träumen

uns das Leben bunt.

Jetzt lachen wir, jede Menge Zeit.

Und die Zeit, die uns die Träume

ins Herz schrieb.

Bunt, wie ein Zebrapferdchen.

MIT DEM HERZEN TÜREN ÖFFNEN.

Unbekannte Ziele der offenen Tore.

Mit dem ersten Glockenschlag, erwacht der Tag.

Wege, wo sich Türen für immer öffnen.

Mit Mut sehen wir das Lächeln

der Welt entgegen.

Die Kunst des Lebens,

ist die Kunst ein frohes Herz und

den Frieden.

Eine Lebenskunst ist:

Die Geduld.

AUF DEM BERG DER SONNE.

Und ich wollt' doch noch so viel vom Leben seh'n.

Auf der Straße zum Leben.

Und ich wollte doch noch so viel dem Leben geben.

Auf dem Weg zum Träumen.

Und ich wollte doch noch dem Leben so viel sagen.

Auf dem Gang durchs Leben.

Und ich wollte dir doch noch so viel Liebes sagen.

Mit dem Blick durchs Leben.

Und ich wollte doch noch so viel im Leben seh'n.

Und ich wollte doch noch so viel dir geben.

Doch nun muss ich geh'n.

Wer mich von ganzen Herzen suchen wird,

von dem werde ich mich finden lassen.

ÜBER DEN WOLKEN IST MEIN PARADIES.

Mit den Wind ziehen die Gedanken zu dir.

Wenn doch nur reden könnt, der Wind.

So schön wie die Blumen blüh'n, so blüht dein Herz.

Über Gänseblümchen-Wiesen weht der Wind.

Alle reichen sich die Hand.

Und ich sehe dich.

Eine Weile der Zeit, durch das Blumenmeer.

Und ich suche dich.

Schau' hoch und du siehst ein Himmel ohne Grenzen.

Und in Gedanken finde ich dich.

Wie ein Blatt, wie ein Bild, wie ein Augenblick.

Mein kleiner Schmetterling fliegt.

Bringt dir Grüße von mir.

Und sagt dir:

„Ich habe dich lieb."

WORTE DER ZEIT, sind zeitlose Worte.

Worte, die Wissen und Sinn enthalten,

sind Worte, ohne Worte.

Worte des Verstehens, unendlicher Worte,

sind Worte der Aufmerksamkeit.

Worte, die sagen lebe,

sind Worte des Herzens und

Worte mit der Zeit.

Worte an dich, sind Worte von mir.

Worte der Stille,

sind Worte des Augenblicks

und Worte des Glücks.

EIN KLEINER ENGEL, ein neues Hoffen.

Des Himmels Hände, gibt uns Anfang und Ende.

Der Erden Englein, ist ein sonniger Morgen.

Es lässt uns Leben, des Herzens Güte.

Zu jeder Zeit, Glück und Zufriedenheit.

Dein Glück, voll Lieb' und Trost.

Gott schickt für mich mein kleinen Engel.

Mit allerwelten Frieden und Gottes Beistand,

wird alles zum Wohle gelingen.

Glück, Gesundheit und deine Liebe, sind der

größte Reichtum für mich auf der Welt.

Die Wunder und Werke Gottes, sind der

Schöpfung, Himmels-Hände.

Er steht uns bei, beim Anfang und beim Ende.

SCHENKE MIR EIN LÄCHELN und der Himmel

schenkt uns den Sonnenschein.

Mein Liebchens Herz erreicht dich.

Vorbei ist Leid und Schmerz.

Nichts ist schöner zu wissen, mein Liebchens Herz.

Sorglos in die Welt seh'n,

etwas Wunderbares, ein lieb Wort heißt:

Du bist mein Lieb' Herzilein.

Mein Blick, sagt mein Glück

und ein Lächeln von dir,

ist mein Leben mit dir.

Glaube an Gott und die

Türen stehen uns offen.

Wer an Gott denkt,

wird von Gott beschenkt.

TRÄUME ERLEBEN und Wolken, die das Paradies uns zeigen.

Sonnenschein, die uns lächelnd das Leben meistern lassen.

Der Morgen, der dich beim Namen nennt.

Und ein Glück, dass deinen Namen kennt.

Wege, die man wagt, Schritt für Schritt

zu gehen. Deines Lebens Glück ein richtiger

Platz und die Welt ist wie ein Geschenk.

So gibt der neue Morgen, ein Augenblick des Glück's,

für die Zukunft. Worin liegt da der Sinn?

Wenn sich die Türen der Wahrheit öffnen.

Liegt die Welt dir zu Füssen.

Und das Leben lässt des Glückes-Schicksal grüßen.

Glücklich ist eines Herzens Freud.

Was man sich erträumt, gibt des Lebens reichlich Kraft.

Geliebt zu werden, gibt uns Mut und macht uns stark.

DIE WERKE DES LEBENS, sind die Zeit des Glückes.

Menschen auf der Suche nach dem „Sein".

Wege, die dein Herz gehen will. Wunder, die

uns am Wegesrand begegnen.

Blumen, alle schönen Dinge und Lust die Welt,

mit meinen Augen zu sehen.

Ein Leuchten am Himmel und ich

träume mich zu dir.

Eine Zeit der Wege, des Erfolges und des Glückes.

Die Zeit, wo alles zu finden ist und das

Leben ist schön.

Ein Leben, auf dem man die Stufen des Herzens

ersteigen muss.

Des Herzens goldenen Schlüssel heißt:

Ich hab dich lieb.

UND DER HIMMEL IST SOWEIT.

Wir hatten doch eine glückliche Zeit.

Wenn auch vieles liegt, weit so weit.

Zeit und des Schicksal's Wille. Und überall glückliche

Gesichter, in jeder Minute, die Stunden deines Lebens.

Ein Augenblick und unsere Welt zeigt sich in seiner

Vollkommenheit. Das Gute im Menschen und an

Gott glaubende Gedanken.

Der Tag, zählt viele Stunden, wo man helfen kann.

Täglich für kurze Zeit, Gott zu danken.

Die Menschenseele, neue Kraft zu geben.

So ist man dem Horizonte, in den Träumen nah'.

Wenn unsere Wege sich auch in der Seele treffen.

Wandern wir mit dem Sonnenschein.

Stunde für Stunde,

in das Leben, was uns Gott,

in den Träumen verwirklichen lässt.

WENN ZEIT IST, wie eine Ewigkeit.

Ein Leben verschönert durch ein wenig Zeit,

Der Gegenwart lächelnd entgegen geh'n,

Mit Zeit eine glückliche Seele seh'n.

Auf dem Weg, der Blick der Augen fällt.

Mit frohen Herzen, durch die Welt.

Gemeinsame Wege folgen, gemeinsames Glück.

Gibt Hoffnung, Freude und Liebe zurück.

Ein Stern uns strahlt, wer glaubt, kommt ans Ziel.

Weil Gott uns liebt, gab er uns die Zeit viel.

Und die Zeit, fülle mit „Leben".

Mit der Zeit, die dir gegeben,

danke Gott und lerne Leben.

Mit der Zeit zu gehen, vorwärts,

Neues Land zu seh'n.

In Zeiten der Zeit, ist die Zeit, der Zeiten viel.

EINE AUGENBLÜTE, der Blick,

fällt auf das Leben.

Wie ein Gütezeichen im Lichte

leuchten, der Menschheit Straßen.

Als Leitbild, voller Hoffnung in einer

Wegstrecke voller Märchenträume.

Aus dem Blick verloren, ein erreichbares Ziel.

Wie aus der Zeit gefallen,

vergessene Landschaften.

Ein Plätzchen zum Träumen,

die Sonnenseite, einer längst

vergangenen Zeit.

Mit dem Bild vor Augen,

ein Abendhimmel, voller Sternenbilder.

Irgendwann und irgendwo

kommt man der Seele immer näher.

Mit der Zeit rollen.

INSEL DER WELLEN UND WOGEN.

Durch die Weiten, der Zufriedenheit.

Ein Tal der alten Lieder.

Wege, die von der Hitze der Sonne verbrannt sind.

Und ich träume, von meinem Buschwindröschen.

Ein neues Leben, eine neue Zukunft.

Die Sonne und das Glück an meiner Seite,

ist mein Liebchens-Glück.

So uns Gott lenkt, wer an Gott denkt,

wird von Gott beschenkt.

Heute so und morgen anders.

AUCH DU BIST EIN KIND DER WELT.

Von Flügeln getragen, durch den

Fluten tauchen und in den Flammen des Lebens.

Ein Licht, der schönste Sonnenschein.

Die Welt, die Geheimnisse, des Lebens.

Ein Lebenslauf, der ewigen Kraft.

Ein Lebensglück, im Weltgedränge.

Die Wege hier auf Erden, durch

Gott, du gehen kannst.

WAS IST MIT MEINEM ROCKY LOS.

Er schnauft und mag nicht rennen.

Die Sorge ist so groß. Man kann doch nichts erkennen.

Wir gehen spazieren den Weg entlang.

Ist mein Rocky ernsthaft krank?

Doch nun geht's ihm wieder besser, Gott sei Dank.

Was hier kranket ist kein Scherz.

Es ist das kleine Rocky-Hunde-Herz.

Alles wird gut und für die Wanderwege mit

meinem Rocky, kann ich dankbar sein.

Das uns sein Bild wird.

Die Wunderwege trösten dein Herz.

Wir danken dir Rocky dafür.

Ach, welche Wonne, nun scheint für

Rocky und uns, wieder die Sonne.

Was dein Herz dankt, Frauchens,

allertreusten Hege und Pflege.

So, laufen wir noch gerne gemeinsam unsere Wege.

SCHÖN WAR DIESER TAG

Augenblicke, in denen die Zeit stillsteht.

Momente, wo sich Himmel und Erde berühren.

Träume und die Wunder des Lebens.

Dein Lachen, deine Augen, deine Stimme,

die das Herz berühren.

Wie die Sterne scheinen.

Mit jeden Schritt durch das Leben.

Durch die Welt, die voller Wunder dir begegnet.

Ein Kinderlachen und du reichst mir deine Hand.

Ein Moment der mir sagte:

Ich bin ein glücklicher Mensch.

Freude und ein Lachen von dir, sagen mir,

wie lieb ich dich hab.

WIE SCHÖN SIND DEINE WEGE, wie schön ist jeder Tag.

Du gabst mir deine Liebe.

Du hast gesagt, mein Herz ist froh.

So ist auf allerwegen,

dein Herz bei mir und Gottes Segen.

Ein Stern strahlt, ein wunderbares Licht.

Ich sehe dich und dein Gesicht.

Man kann dem Leben, wunderschöne Tage geben.

Und die Zeit, ein Augenblick des Lebens.

Ein Geschenk in Sekundenschnelle, ein bisschen

Zeit für dich, im Alltagstrott.

Und das Glück in deinen Augen wieder glänzen lässt.

So ist der Tag im Herzen und alle Wege,

im Blick, eines glücklichen Menschen.

Liebe ist, was Du mir gabst.

Du hast gesagt, mein Herz ist froh.

Hier und anderswo.

DER SCHLÜSSEL DES LEBENS,

ist der Weg in die Vollkommenheit.

So braucht ein Jeder seine Zeit,

der Ruhe und Gelassenheit.

Wir führen das Leben durch

Sehnsucht und Charakter.

In jeder Handlung, liegt ein Sinn.

Ein Anfang muss nicht gleich ein Ende bedeuten.

Bunte Rosenblüten, schmücken dein Haar.

Die Zeit, die uns trägt, sind Bilder,

als würde ein Vogel fliegen.

Meine Seele findet die Blumenblüten.

Es sind die Farben der Welt.

Die Buntheit, jeder Menschenseele.

Es gibt und Flügel und die Kraft,

den Weg zu dir zu finden.

Die Sonne zeigt uns den Weg,

von Schatten und Licht.

DA, WO UNSERE GEDANKEN SICH TREFFEN,

ist die Einsamkeit vorbei.

Ideen, die unsere Wege, neue Straßen geben.

Mit Dankbarkeit durchlaufen

wir des Lebens „Plan".

Von Schönheit umgeben, meine kleine Glockenblumen-
Wiese.

So wunderbar und voller blühender Natur.

Meine Augen suchen dich nur.

Gedanken, die den Himmel nach, Geborgenheit,

dann bist du da.

Die Schönheit, der Straßen weit,

Die Macht der Liebe,

raus aus der Einsamkeit.

So bin ich umgeben von Blüten derer mein.

So leben wir, ins Glück hinein.

Die Sonne im Herzen, lässt uns Glück und Musik sein.

Im Paradies, im Blumenblütenmeer,

sind wir die Künstler,

des Lebens und des Glückes.

DIE HERZEN DEINER GÜTE.

Im Lichte, der Blumen Blüte.

Des Tages Last, des Tages Wege.

Durch Gottes Gnade und Segen.

In den Händen will halten, unsere Erde.

Deine Hand mir zeigt den Weg,

der Stunden, des Tages Los.

Der Stunden-Schlag der Freuden viel.

Geduld im Leben, ist der Friedens größte Schatz.

Der Weg zum Leben führt.

Und eine Weisheit, die uns das Leben lehrt.

Der Weg ins Leben, in die Zukunft uns führt.

So lernen wir den täglichen Sonnenaufgang,

für ewig zu schätzen.

JEDER SCHÖNER MORGEN, beginnt mit der Sonne.

Jeder Morgen voller Kraft und Wonne.

Die Hoffnung, vor mir zu sehen.

Schritt für Schritt, vorwärts zu gehen.

Gestern ist Vergangenheit.

Vor mir Augenblicke, der Herrlichkeit.

Von Damals in die Zukunft, mit festen Blick voraus zu sehen.

Irgendwann und irgendwo, Vergangenheit als Zukunft sehen.

Die Freiheit der Menschen,

das Wort „so leben" lässt. Glück, ist die Liebe deiner Augen.

Ein Ruf, der mir meinen Namen hören lässt.

Im Himmel mir zeigt. Gottes Güte und Barmherzigkeit.

Die Grenzen aller Herzen, die Liebe, wieder wachsen lässt.

Das ist der Weg, des Nachdenkens.

DES LEBENS ZAUBER, ist des Lebens Kunst.

Die Stunden der Zeit, sind die Augenblicke des Lebens.

Ein Blick durch die Farben der Gefühle.

Die Erkennung des Seins.

Freude der Menschen und des Herzens Ziel.

Ein vertrauliches Lächeln und du bist da.

Ein Gedanke, der mich glücklich macht.

Du bist mir eine Stütze, im Lichte Gottes.

Was uns auf den Weg, ein Stück, durch die Gegenwart begleitet.

Eine Gnade, voller Hoffnung und Zuversicht.

Und über die Weite, weht der Wind.

Blumen blühen in goldenen Farben.

Und ich freu' mich, über die lieben Worte dein.

Dem Ziele angekommen, können Wunder noch Wunder sein.

IM LICHTE GOTTES, im Lichte des Glückes.

Welch Wunder und die Geduld der kommenden Zeit.

Voller Hoffnung und Zuversicht und eine helfende Hand.

Ein Ziel, einen Sinn in Liebe deiner.

Eine Musik, ein Singen, eine Freude.

Wohin die Wege auch führen, deiner Liebe, der Zeiten Lauf.

Wolken und dazu Vogelgesang.

Und von Fern' hört man den Glockenklang.

Über Wiesen über Wälder und so blau, blühen jetzt meine
Kornblumen.

Und leise singt der Wind sein Lied dazu.

So wunderbar und die Sonne scheint auf mein Haar.

Die Kraft, liegt in dir, der Zeit.

VERGANGEN IST DIE FERNE ZEIT.

Anderswo wankt die Ruhe der Lebensbahn.

Unendlich glaubt man den Sternen am Himmel nach.

Die Klugheit lässt uns neue Kräfte finden.

Frische Kräfte die unsere Lebenswege begleiten.

Es hilft uns, neue Ziele zu finden.

Des Herzens Freude ist jeder neue Morgen.

Ein Funkeln der sonnengelben Blumen.

Ein Vogel im Garten, lässt mir die Zeit

verträumen. Die Gedanken, ein Sonnenschein

und der Abendglocken-Klang.

Eine Rose schimmert durch die Träume mein.

Du sollst meine rote Rose sein.

DIE ZEIT, EIN AUGENBLICK, EINE IDEE.

Grenzenloses Vorwärtsgehen, eine Lebensweise.

Ein Vogel durch die Lüfte gen Himmel schweift.

Ein Lebensglück und die Welt, der

Dankbarkeit. Ein Blumen Duft und ein Blick

deiner Augen. Was wir waren, in jungen Jahren.

Uns jetzt ein Leben voller Erinnerungen

zum Paradies werden lässt.

Erinnerungen die uns der Dankbarkeit für

all' die schön gelebten Zeiten, wieder Leben lässt.

WENN DIE ZEIT VORÜBER IST, ziehen wir. Schenkt

mein Herz der Blümlein fein. Das Glück braucht

keine Zeit. Die Natur ein Stück Frieden. Nur der

Frieden ein Herzschlag der Liebe und des Sonnenscheins.

Ein Licht wie die golden leichtende Sonne.

Und meine Augen erblicken meine kleine Taube.

Eine Herrlichkeit und wir ziehen mit dem Lebensstrom.

Ein Wohnraum in Gottes Hand.

Eine Herrlichkeit als Gottes Gabe.

In deinem Herzen liegt die Güte.

Und dafür danke ich dir.

Will sehen, das Blümlein da wie hier.

Ein Geschenk, von Gott, gelenkt.

So ist der Weg den man geht.

Und ich sehe meine Gänseblümchen wachsen.

Wie diese, zu einer goldenen-Farbenen Blumenwiese.

So sieht man die Schönheit, was uns das Leben gibt. „Wenn man liebt."

Und ich sage: „Schön, dass es dich gibt."

MIT GLÜCK UND FREUDE möge ich dein Herz erfragen. Ist der Weg auch holperig und lang, wirst du den Horizont von weiten erkennen. Dein Herz klein, mit Licht und Zuversicht erfüllen. Segen der Hoffnung strahlende Augen. Und Gott geht den Weg mit dir. Er legt schützend den Arm um dich. Die Kraft, die ich finde. Und leise säuselt der Wind, durch meine Linde. Der Wind weht durch mein Haar.

Und der Gesang der Harmonie nehm' ich leise war.

Bilder dringen durch das Licht. Das Leid des Glück's

und ich danke dir dafür. Möge Gott uns noch lang

begleiten. Und die Tür ging auf und du warst da.

Es war ein Blick aus glücklichen Augen.

Der Weg war kurz und es lassen grüßen.

Ein Lächeln auf dein Gesicht, machte mich froh.

GRÜß MIR DIE HEIMAT.

Grüß mir der Heimat Frieden.

Durchschreiten der Unendlichkeit. So ein kleines Glück,

weil hier mein Licht noch scheint. Die Blumen blüh'n und

niemand weint. Es ist so schön auf dieser Welt.

Ein kleines Stück vom Glück.

Die Bäume, die da wieder grün und Vögel, die da ziehen.

Was einst mir war so lieb, ist jetzt so fern.

Blumen, die ich einst pflückte, schmücken heut' mein

Heim. So der Wind, mit seiner Musik dich streichelt,

denke ich an Dich.

Schenk dir mein Herz

und freu' mich, auf jedem neuen Morgen.

So schwinden alle dunkle Wolken.

Denn hier, bin ich bei dir.

Und der Wind, bringt dich zu mir.

Der Weg, der Wegweiser,

ziehrt ein kleines Hufeisen.

MÖGE DAS GLÜCK DICH ANS ZIEL FÜHREN.

Möge Gott dir immer Sonnenschein und Wärme schenken.

Möge Freude dir die Traurigkeit nehmen.

Möge Frieden dir die Zeit im Glanze der Sterne weisen.

Möge dir Kraft geben, was die Seele zu dir spricht.

Möge jeder Tag dir die Sonne im Herzen zum Strahlen bringen.

Mögen all deine Wege von der Schönheit der Natur erblühen.

Möge dein Herz dein Leben ebnen.

Möge in deinem Herzen die Liebe ständig neu erblühen.

Mögen die Vögel dir zum Abend, das Lied der Abendglocken singen.

Mögen deine Hände, der Dankbarkeit Gottes zum Gebet danken.

Mögen unsere Herzen die Türen der Einsamen öffnen.

Mögen deine Wege immer das Ziel erreichen.

Möge die Sonne, dir mit Kraft und Hoffnung stärken.

Mögen sich all' deine Gedanken mit Freude erfüllen.

Möge der Rückblick, dich mit Glück,

in die Zukunft steht's mit Gottes Schutz allezeit beschützen.

WAS SAGT UNS DIE ZEIT, sie ist zu hören,

von soweit. Sie läuft gar schnell, zeigt uns

Schatten und Sonnenhell. Dazwischen Stunden

und ein Weiter der Uhrzeit.

Und das Karussell dreht sich im Kreis.

Deine Augen leuchten wie Sterne. Dein Herz ist

ein Diamant, das von Liebe erzählt.

Ein Königreich, was unser Herz reich von Liebe

und Güte strahlen lässt. Auf Erden deine Gnade,

denn Gott ist mit dir. Die Liebe, die Kraft und

den Weg durch den Tag, an Stärke gibt. Und meine

Seele, den Weg, in die Zukunft geht. Des Lebens

Freud, ist das Lebens Acker. Durch die Leichtigkeit

der Lüfte schweben. Über uns der Wolkentanz.

Das Gefühl der Schwerelosigkeit und des Schwebens.

Wie eine Feder, die in der Luft tanzt.

Ein Wunder der Natur.

Ein Wunder des Sehens.

Und ich sehe und finde dich.

OH, WELCHE FREUD, oh, welche Wonne.

Heute scheint für Rocky hier die Sonne.

Wenn auch manchmal trüb der Himmel.

Geht mit Freud', so durch die Lande,

Rocky gern am Halsbande.

Unser kleiner Hund, ist wieder fast gesund.

So geht es hoch erfreut, durch jede Wetter-Zeit.

Ohne Ach und ohne Leid, was wiederum mein Herz erfreut.

Wir wünschen Euch nur das Beste.

So gibt's ein Wau für die Gäste.

Alle Wünsche hier auf Erden,

sollen für Euch erfüllt werden.

Ich weiß nicht, was ich sagen soll.

Mein Herz' ist, von Liebe voll.

Des Lebens Freud, des Lebens Wonne.

So scheint, für alle hier die Sonne.

HALTE FÜR EINEN AUGENBLICK DIE ZEIT AN.

Im Sturm von Schatten und Licht.

Es ist die Zeit des Licht's.

Die eingeschlagenen Wege,

der entstehenden Erde.

Leben, was sich ändert.

Der Blütenkraft und der Quellen Güte.

Die Welt in Sehnsucht suchend, nach der Erkenntnis.

Suchend nach der Freiheit, der Unendlichkeit.

Im Taumel des Glückes und der Zufriedenheit.

Wege zur Seele, wie im Kreisverkehr.

Ein Gesang im Klang der Erde und im

Einklang mit Himmel und Erde.

So singen die Lieder, der Menschheit über

Augenblicke und über die Worte Gottes.

Mit ihnen tanzen Kinder im Wind.

„Geschwind, geschwind, geschwind."

GEDANKEN ÜBER HIMMEL UND ERDE.

Wege, die sich dort wie hier begegnen.

Mit dem Herzen die Welt sehen.

Ein Lächeln und das Glück im Herz finden.

Ein Engel im Morgengrau und eine Perle des

Sonnenlichtes. Ein Vogel singt leise.

In der Stille des Lebens. Die Blüte der Worte

im Regenbogen, der Farbenpracht.

Worte des Wissens und Worte der Güte.

Die Zeit schreitet voran, sie fegt das Alte weg.

Hier ist die Haltestelle für alle. Die Reste des

Lebens, die Musik der Nacht.

Mit den Gedanken der Zeit voraus.

Hier ist mein Zuhause und hier ist meine Heimat –

So wie ein aufgeschlagenes Buch, neue Wege suchen.

IM WINDE, der Natur, lass mich

deinen Weg finden. Ist dieser Schöpfungs-

Natur ein buntes Bild gemalen. Über Felder, der wachsenden

Natur, den Blick schweifen lassen. Die kühlende Frische,
durch

Wald und Flur. Es ist so schön, sich in der Natur-Ruhe

zu bewegen. Den Ruf der Vögel lauschen.

Wie in einer Märchen-Wunderwelt, hört man von Fern,

des Lebens-Hektik rauschen.

Ein Kinderlachen durch das Dickicht, der Bäume schallt.

In mitten des Waldes, mache ich Halt.

Das Rascheln der Blätter verbirgt, so manches Geheimnis,

Ein Sonnenstrahl, leicht durch die Baum-Kronen dringt.

Ich in der Stille des Waldes versinkt.

Vor mir wartet die Glitzerwelt, der Menschen.

Wie geht es doch an, dass man so voller

Schönheit und Ruhe, es haben kann.

Hier wohnen, Amsel, Fink und Star.

Ach, wie schön, ach wie wunderbar.

EINE ROSE, im Herzen, ein Erdenglück.

Dein Name in meinem Herzen, klingt, wie Musik.

Ein Lächeln und deine Liebe, ist was in meinem

Herzen bleibe. So ist es, wenn man liebt.

Das Glück und die Freude, die man sich gibt.

Doch die Liebe und die Zeit der Liebe, bindet.

Worte, die man nicht findet.

Ein glücklich Herz, jeder Tag, es ist die Liebe,

weil ich dich mag. Ein zärtliches Wort von dir

und wir gehen den gleichen Weg.

Wer glücklich ist, dem scheint täglich, die Sonne neu.

Im Herzen bin ich dir nah, das Glück auf

dieser Erde. Deine glücklichen Augen sagen mir:

„Ich hab' dich lieb."

Wenn Herz zu Herz sich finden,

dir Glück und Segen bringen.

Durch Berg und Tal, der Sommersblüte, ein Vöglein, singt,

es war einmal. Was die Welt zierte. Der Sonnenschein die Blüten

lachen lässt. Die Lebenszeit dich glücklich und froh, die Stunde,

der Tag ebenso. Wie ein Kind, vor Freude singt, dir die Liebe in

den Herzen bringt. Dein Herz schlägt, für mich allein.

Die Jahre auch vergeh'n, wir das Leben um uns seh'n.

Du mir gibst das Glück, ich bin dein. Die Licht und Wärme,

ich ab dich so gerne. Du bist mein großer Schatz,

nimmst mir meine Sorgen. Du bist da, jeden Tag, jeden

neuen Morgen. Ein Uhrwerk voller Lebenskraft.

Der Himmel, ein großes Ziel, die Wolken, die Augen

seh'n. Was uns gegeben, im Leben, die Zeit, uns leben

lässt. Die Liebe, ist Gottes Schöpfung für uns Menschen.

Im Herzen, trage ich dein Bild und schenke dir meine Liebe.

Du lächelst, das Glück in meinem Herzen.

Dein Lächeln, nimmt mir meine Tränen fort.

Ein Lächeln von dir, gibt mir, die Kraft zurück.

Ein Lächeln, gibt mir so viel Freude.

Mit diesem Lächeln, blühen die Blumen, in meinem Herzen.

Ein Lächeln, sagt mir, ich hab dich lieb.

Ein Lächeln, ist des Lebens Wunder.

Lächeln und deine Augen glänzen.

Ein Lächeln, ein Blick, ist des Lebens, Lebensglück.

Ein Lächeln, auf deinen Lippen, es ist die Liebe in meinem
Herzen.

Lächeln, ist ein großer Segen.

Mit einem Lächeln, durchschreiten wir all' die Wege.

Gemeinsam das schöne Glück, des Lächeln's geh'n.

Ein Lächeln, schmückt uns und lässt uns die

schönen Seiten des Lebens seh'n.

Ein Lächeln, dein Herz, lächelt mir zu.

Ein Lächeln sagt: Ich und Du.

DIE WELT IST VOLLER WUNDER!

Jeder neue Tag, ist von immer neuen Wundern umgeben.

Der Mensch ist ein Wunder Gottes. Der Tag und die Nacht,

ein Wunder, der Zeit. Die Zeit, ein Erlebnis-Wunder, der

Schöpfung. Der Mensch, ist einzigartig. Die Erde, ein Wun-
der,

der Natur. Die Sonne, ein Wunder, dass uns die Wärme
lehrt.

Was für ein Wunder, von Wissen, von glauben und von

Wunder-Baustellen. Das Leben, ein Wunder, mit jedem

Herzschlag. Das Wunder, der Herbstblätter, des Glück's, der

Zuversicht, der Worte, der Wünsche. Ein Wunder der
Schönheit,

der Träume und den Reichtum an Wissen, was die Mensch-
heit,

durch Zeit, durch das Leben, erlernt hat.

Das ist die Sonnenseite, die Freiheit und die ganze Welt.

Die Erde, als ein der größten Wunder.

Das Welt-Wunder, die Entstehung der Menschheit, ein
Wunder, Gottes!

Das Leben, muss man suchen

und findet, alle Wunder, auf dieser Welt.

Eine Hand voller Wunder, des Lebensglück's.

Die ewige Zeit, ein Wunder.

Die Welt ist voller Lebens-Wunder.

Das Leben, ist „Wunderschön".

--- Wunderschön ---

IN MEINEM HERZEN DAS WORT, wie Heimat klingt.

Die Seele auf Reisen dich mitnimmt.

Der Schönheit Quell,

das Licht der Sonne, scheint uns hell.

Das Leben, ein Sonnenstrahl und du nimmst meine Hand.

Ein Danke, für all' deine Liebe.

Die Schranke des fernen Lebens durchbrechen.

In Gedanken, bin ich bei dir.

Wie gerne, würd' ich jetzt Heimat sagen.

Die Spuren, von einst, mit dir geh'n.

Die Spuren, von einst, mit dir seh'n.

Die Straßen da, fremd und leer.

Alles anders, das Einst, gibt es nicht mehr.

Wo ich zu Hause war.

Alles anders, nicht's mehr, wie es war.

Zugedeckt mit Häusern, es ist egal,

hier spielte ich, es war einmal.

Ein Kinderglück, ich denke gern zurück.

Wo Mutter, mit mir ging.

Ich seh' das Bild vor mir.

Dein Bild, deine Worte und mit dem Heimatbild

im Herzen, bin ich hier, bei dir.

DIE ZEIT PRÄGT, uns Menschen.

Bilder, zeigen eine gewisse Zeit.

Hier ist die Ruhe, ein Rastplatz, von der Hektik.

Jede neue Zeit entfliehen und ein Vorwärts, Lebensideale
finden. An einer Apfelblüte hing, mein kleiner, bunter
Schmetterling. Wir tanzen in den Tag.

Von einer fernen Zukunft träumen. Die rote Sonne
versinkt, ein Paradies, des Horizontes.

Ein Leben zwischen Eleganz und Freiheit.

Mein Garten, lässt Erinnerungen aufleben.

Naturschätze, mein Paradies, blüht in allen Farben.

Lieder, der alten Heimat.

Dein Gesicht, strahlt wie die Sonne.

Es sind die Wunder dieser Zeit.

Die Wolken, ein Vorüberziehen, mit geschlossenen
Augen sehen. Im Blickwinkel, die Sonne und du
lächelst mir zu.

„Was für ein Glück."

DEIN WEG, dein Ziel, dein Wegeziel.

Einen Weg der Zeit erleben und findet.

Wo im Herzen, die Liebe ist, wächst auch die Ruhe.

Das neue Leben, klingt wie Poesie.

Ein Lebensziel, eine Herzensfreude. Zuversicht, eine
Perle und Bilder, die uns den Tag über begleiten.

Im Wissen, formt sich der Geist und der Wille.

Die Weisheit uns den Frieden lehrt.

Das Glück uns die Zeit finden lässt.

Der Tag uns ein Stück unseres Lebens gehen lässt.

Ein Blatt im Wind, sein Ziel findet.

Im Erleben, finden wir das Licht und die Träume,

der Ruhe. Glück, ein Märchen und ein Wunder, der Natur.

Wenn uns an jeden neuen Morgen,

die Sonne wieder weckt.

DIE KOSTBARKEITEN IM LEBEN, sind die

Glückseligkeiten, der Hoffnung und der

Freude. Wie ein Regenbogen streifen die bunten Farben,

die Zeit. Des Lebens-Lächeln, eine Blüte, deines Lebens.

Die Straße, der halben Wege.

Im Dasein, im Sinn, der Freude das Leben durchschreiten.

Ein Leben im Minutentakt, da wo Himmel und Erde

sich treffen. Am Horizonte wacht und die Welt lacht.

In der Hand, den Stein des Lebens.

Ist der Schöpfung gedenken und von Sorgen frei.

Manch Schicksals Wende, reiche mir die Hände.

Voll Träume, die Momente, die uns gegebene Zeit, in

bunten Farben uns begleiten lässt.

Steine, die das Wasser formte.

Ein Riesenrad, was uns wohl eine andere Richtung, ziehen lässt.

So hat das Leben, ein jeden, ein anderes Bild, ins Gesicht geschrieben.

DES HIMMELS BLAU und die Schönheit

meiner Rosen, in meinem Garten.

Das Leben braucht eine Quelle.

Und der Himmel, die Weite, die du ziehst.

Die Sternenzahl, wie ein Schlüssel, der Lüfte. Wie Musik,

die der Wind uns hören lässt. Ein Spinnenzelt, der Lüfte.

Ein Herz, was an dich denkt und Zeit, die vor uns

liegt. Dein Lächeln mich, der Hoffnung und den Weg

finden lässt. So wie die Blätter im Wind fliegen.

Die Straße, der offenen Türen.

Der mit Geduld und Gelassenheit, zum Ziele führe.

Wie ein Edelstein, der Kunst, sein Bild verleiht.

Ein Bild ergibt, ein Erlebnis mit der Zeit.

Wie eine Sommerfrische, weht der Wind, durch dein lockiges Haar.

Das Leben ist hier, das Leben ist wahr. „Denn, du bist da."

DIE SCHRITTE DER ZEIT, jeden Tag des Lebens Pyramide.

Leben, das Kostbare, an Zeit uns gibt.

In der Liebe, das Herz, dein Bild, mir schenkt.

Irgendwo ein Wiedersehen, im Gebet. Die Weisheit,

Wunder und das Tal des Glückes.

Des Lebens Ziel, jede Minute zählt.

Den Sinn, des Lebens begleiten.

Die Flügel, dir Freiheit in Geist und Seele gibt.

Ein Zauber von der Harmonie der Farben.

In den Sternen, Worte lesen.

Die Welt ist voller Rätsel.

Doch Wunder gescheh'n.

Die Schönheit der Erde, ist der Erhalt, der Natur.

Wir leben und lachen, mit dem Leben,

was Gott uns hat gegeben.

AM HORIZONT funkelt die untergehende Sonne.

Über Wiesen ein Duft der Frische.

Der Frühling ist da.

So wie die Blumen blüh'n, blüht auch dein Herz.

Und in meinem Garten, blüh'n die Rosen.

Die Sonne uns morgens weckt. Sie glänzt

und leuchtet und ins Herz. Die Sonne, die Wärme

und das Licht, die Blumen wachsen lässt.

So dass die Seele glücklich sei.

Des Herzens Liebe, des Herzens Glück.

Wenn die Wolken weiterziehen.

Voller Liebe, voller Glück, das ist des Lebens-Meisterstück.

Der Baum des Lebens, ist ein Baum der Kraft,

Hoffnung und der Zufriedenheit, für uns Menschen.

ICH SCHENKE DIR EIN PLATZ, in meinem Herzen.

So lange mein Herz' schlägt.

Was uns das Leben auf Zeit gibt und

Der Friede ist nah.

Träume und du denkst dir der Seele da.

Im Herzen der Platz für dich, dir

Kraft und Hoffnung gibt.

Deine Augen strahlen vor Glück, und dein

Lachen, gibt mir Halt, im Leben.

Du bist das Licht und die Güte, die meinen

Leben einen Namen gibt.

Augen, die mir sagen, hab mich lieb.

Die Stunden im Leben, was Gott uns gegeben.

Jede Minute und dankbare Gedanken, sind

des Glückes Lebensbahn.

So hat ein jeder seinen Platz im Herzen,

des Liebenden gefunden.

Dir Blumen blühender Knospenpracht,

ein glückliches Herz erwacht.

Weil ich dich lieb hab.

DER WIND ERZÄHLT MIR EIN LIED, von Wind und Meer.

Von weit hört man die Glocken, bis hierher,

liebsame Weise. Der Erden goldener Schimmer. Der Farben
buntes Licht.

Die Sonne scheint noch immer, wenn auch das Auge bricht.

Im Herzen, all der Sternen Licht. Dein Lächeln glücklich
macht.

Ein Vöglein, singt so hell und klar. „Das Leben ist so wun-
derbar."

Sei froh und heiter, so geht das Leben weiter. Und Gott sei
stets dein Begleiter.

Menschenbilder aller Völker, in Friede und Freiheit.

Der Zeitlauf, Geschwind, so wie der Wind.

IN DIE DUNKELHEIT DER NACHT versinkt.

Wenn der Mond am Himmel zieht.

Und ein Bild durch meine Träume zieht.

Der Wind sanft ans Fenster klopft.

Das Licht der Sterne, im Glanze des goldenen Funkelns.

Die Hürden des Lebens.

Das Licht ist unser Begleiter.

Golden das Licht und golden die Träume.

Die Fluten der Lieder und die Bilder einer ganzen Welt.

Das Glück und die Liebe im Herzen.

Ein Aug' voller Freude und voller Gottes Segen.

Am Himmelszelt der Sonnenschein, über die ganze Welt.

Aus der Ferne, ich kenn' das Lied,

ich höre es gerne.

DU BIST FÜR IMMER MEIN HERZ.

Vergessen all' der Kummer und Schmerz. Zwischen
Wiesen und Felder. Aber, wie gerne, würd' ich jetzt aus der
Ferne, des Lebens Sterne seh'n. Keine Zeit verlieren, singt
die Nachtigall. Denn Heimat ist überall, für zwei
Herzen. Auch wenn alles untergeht. Du bist meine
Liebe. Erzähle aus dem Leben.

Ein Ankerplatz der Träume. Die Königin der Blumen.

Die Welt, ein Ausblick, in das Licht. Viel Kraft, das

Leben und Sonnenschein. Die Erde sich dreht und die

Zeit, den Tag, die Stunden zählt. Zu dieser Stunde

ein Bild von Friede und die Augen müd'.

Ein Lebensweg von Gott beschützt.

Der Blumen-Blüten-Zauber, das Herz sprechen lässt.

Der Tagesstunden Schlag dich voller Segen und

Gott dich begleiten mag.

Ich denke da an Dich und Gott schütze dich.

DIE BRÜCKE ZUM HIMMEL und eine leuchtende Seele.

Licht in deinen Augen. Augenblicke und ein Weg

der ein Bild des Lebens zeigt. Der Friede dir in Richtung,

das Ziel, finden lässt. Ein glückliches Herz hat

dich das Leben auf Erden gegeben. Im Glauben dir

das Herz bewahr. Den rechten Weg zu finden. Des Glückes

Kraft, des Glückes Güte, sei bei dir.

Das Gott dich steht's behüte. Ein Hoffnungsschein,

dir Lebenskraft und den Weg der Wahrheit

gehen lässt. Ein liebend' Herz ist ein Geschenk

des Himmels und der Erden.

Du bist das Glück und die Liebe für mich.

DAS LAND DER MÜDEN AUGEN. Irgendwann können
Steine brechen. Unsere Hände zählen die Steine.
Die Welt bewegt die Bilder der unterschiedlichen Farben.
Irgendwann können Hände reden. So prägt die Zeit,
der Menschheit's Sinn.
Wandernde Gedanken, wie im Bilderbuch.
Der Blick schweift jenseits des Tales.
Wandern, wundersame Landschaften, voller Zauber
und Zier. Die Zeit, der neuen Wege, ein Inselglück.
Lebenswege, der Zukunft und der Freiheit.
Eine wunderschöne Natur, eine Reise zur Morgenröte.
Mein kleiner bunter Schmetterling, tanzt in den Tag.
Die Farbenpracht, der Menschen und die Herrlichkeit,
immer ein Ziel vor Augen. So fliegt mein kleiner
Schmetterling himmelwärts.

DEN WEG, DEN DU SUCHST, führt zu mir.
Den Weg, den du gehst, ist ein Stück unseren Lebens.
Den Weg, den du durch eilst, dir blühende Gärten sehen
lässt.
Einen Weg, den wir gemeinsam erleben.
Der Weg, gibt dir, den Sinn und des Lebens Glück.
Seinen Weg so gut und hilfreich mit Aufgaben füllen.

Dein Weg, so erleben, dein Weg ist mein.

Unser Weg, des Herzens Liebe.

Unser Weg, doch ewig so bliebe.

Der Weg, ohne Hindernisse sei.

So, der Weg, geht weiter für uns zwei.

GRENZENLOSES LAND, in dieser Zeit stand.

Einen wunderschönen Blick über die blühende Stadt.

Blühende Landschaften, mit Kornblumen.

Der Ruf nach der Schönheit der Natur.

Im Wiesengrund', die Romantik.

Mit geschlossenen Augen, in die Stille hören.

Des Lebens Freud', des Lebens Glück, sei dir im Herzen.

Die Blüte in meinem Herzen, das meine ich Glück.

Ich, suche die Sterne.

Die Weite, der Natur ein freies Leben.

Ein wunderschöner Sonnenuntergang.

Und meine blühende Stadt, geht schlafen.

Das Schlüsselwort, sei die Liebe mein.

In Gottes Glauben, sei die Liebe dein.

DIE ALTE HERRLICHKEIT, meiner Heimat.

Gedanken auf Ewig und Zeit.

Wie man sich das Leben erhofft.

Schön, dass es so viele Farben, wie's Menschen gibt.

Der Wolken Wege, sind des Lichtes Pracht und

der Herzen Himmel. An einer Apfelblüte hing,

mein kleiner bunter Schmetterling.

Wo, mag das wohl sein?

Als würden die alten Zeiten wieder zum Leben erweckt.

Es trägt den Horizont durch die unendliche Ferne.

Hier lacht für uns wieder die Sonne.

Hier lausche ich den Gesang der Harmonie und

der Sterne. Ein Stück vom Heimatglück.

So, liest sich hier die Zeit.

Im Gesicht geschrieben, Gedanken von Geduld

und Kraft, der Liebe, die alten Wege finden.

Treues Herz der, meiner alten Heimat.

MEINE ROSENBLÜTE, ich freue mich so,

das Auge strahlt.

Nichts, ist verlorene Zeit.

Glücklich, die vor uns wartende Zeit. Mit dem

Herzen, ich bin bei dir. Des Lebens Schönheit, Wege

und des Lebens Sinn. Die Lieder, vom weißen Flieder,

hör' ich gern. Meine Liebe, mein Glück, mein Stern.

Des Lebens Inhalt, oft Rätsel aufgibt …

Mit Humor und Glück haben alles besiegt.

Gut Ding und positiv Denken,

so, lässt sich das Leben gut lenken.

Vom Frieden auf der Welt, das Licht im Herzen,

der Menschen erhellt.

Ein Lächeln ewig bliebe, das ist der Wert der Liebe.

DIE LEBENSKUNST, ist die Reise

von Einst und Jetzt.

Zum Greifen nah', die Sonne.

Ein Stück vom Paradiese schöner Träume.

Keine Grenzen zwischen Sein,

so die Welt, sei dein.

Der Schlüssel, lässt die Flügel durch

Blütenträume finden.

Und Kinder, die Blumensträuße binden.

Der Frühling zieht durchs Land.

Die Natur lacht und Freude bringt.

Kein Schatten an der Wand.

Die Reise von morgen, liegt in unserer Hand.

Hier ist der Anfang und Ende, des Tages Wende.

Die vorantanzenden Wolken, für immer seh'n.

So wird der Weltenlauf weitergeh'n.

TRÄUME VON FRIEDEN, des Lebens-Licht erhellt.

Friede auf der ganzen Welt. Des Herzens Licht,

Kraft durch die Zeit, der Menschen Freiheit.

Golden, dein Weg, der Zeiten-Zeit. Ein Lied,

durchbricht die Stille und die wärmende Sonne,

blinzelt uns an. Die Quelle uns Ruhe gibt.

Im Herzen deine Liebe, das ist, was das Leben schrieb'.

Jeder neue Morgen, ich meine Blumen schau'.

Meine Blumen-Blüten-Wiese, vom Leben erzählt.

vom Glück auf der Erden. Von Tränen, die neu geweint
werden.

So, nun zeigt der glückliche' Mensch im Herzen, was Liebe
bewahr'.

Klingt, das Lied im Herzen immer da.

ES IST WIEDER EINMAL SOWEIT, die der bunter Lichter-
ketten-Zeit.

Im Lichterglanze alles schön schmücken.

Im Kerzenglanz, der glücklichen Augen seh'n.

Eine zufriedene Weihnachtszeit, erstrahlt im Herzen.

Schau' durchs' Fenster, denke was wird sein,

was wird das „Neue Jahr" uns bringen.

Wird alle so, wie nach Wunsch, alles wird gelingen?

Ein jeder bleibe gesund und munter.

Der Friede, bleibt auf Erden, so alle glücklich werden.

Eine schöne Weihnachtszeit, ein jeder, das Herz erfreut.

Des Lebensblüte, das Gott dich steht's behüte.

EIN BLÄTTLEIN FRÖHLICH TANZT IM WIND.

Es glänzt im Lichte so allein.

Strahlt frisch und grün im Sonnenschein.

Der Wind trägt es heiter weiter über Felder und Wiesen.

Blättlein, denkt will grüßen, Sonne, Pferd und Reiter.

Die Sonne langsam sank, Blättlein:

„Ach, war der Tag lang."

Ganz still, Blättlein fand,

ein Platz zur Ruhe, an der Wand.

Danke, für den schönen Tag, nun will ich ruh'n,

bis zum nächsten Morgen.

Das Plätzchen hier and er Wand, ist was ich fand.

Und morgen geht's weiter, hinauf der Himmelsleiter.

Doch, jetzt will ich keine Zeit verlieren.

Und morgen, will weiter jubilieren.

Es ist so schön, ich mag das gerne.

Und morgen grüß' ich Mensch und Tier, aus der Ferne.

So Blättlein wird von Gott gelenkt, jeden neuen Tag.

KOMM', REICH MIR DIE HAND.

Durch, das Leben, dein Bild, an meiner Wand.

Es zeigt, dein fröhliches Lachen.

Ich reich' dir meine Hand,

und wahre dein Bild im Herzen mein.

Für immer, sollst du bei mir sein.

Blumen, die nie enden zu blüh'n,

so immer dein Herz, wird mit mir geh'n.

Ein glücklich' Herz, deine Güte.

So, ich auf ewig dein Bild,

im Herzen, liebend heute.

DURCH BERG UND TAL, des Adlers Flügel schweben.

Die Freiheit hier und die Welt von „Oben" zu erleben.

Durch Wolken zieh'n, hier zählt keine Zeit.

Des Lebens-Freude, dir Glück verleiht.

Der Himmel hier ewig bliebe, im Herzen, deine Liebe.

In Himmelshöh', die Welt, dort unten, klein nur sehe.

Die Welt, von morgen, ich so seh', des Adlers

Freiheit, in der Höhe. Was auch immer kommen mag,

du lebst, im Vorwärts, in den Tag.

Hier hör' ich dein Gesang, von Friede, Freiheit, „Mutter
Erde",

Wünsch' von Herzen, das alle Menschen glücklich werde.

Höre des Adler's Flügelschlag, der Sonnenuhr,

des Erden Stunden Tag.

DES TAGES ANFANG, des Morgens Wende.

Ich hab' dein Herz, in meine Hände.

Mit Liebe und Geduld, du Trost mir gibst.

Will glücklich singen, von Herzen, dir Blumen bringen.

Glück und Freude, des Tages Stunden leben.

Die Freude, kein Wölkchen trübe.

Ein Blumenstrauß für dich und deine Liebe.

Das Leben ist so schön und so gut, mit immer frohen Mut.

Alles mir gefällt, so schön ist diese Welt.

In Frieden, sei stark, da werd' ich gern.

Hier bin ich zu Haus', hier leuchtet mein Stern.

Des Weges ziehe weiter fort, zu einem anderen Ort.

Hier ist des Blumen-Pracht.

Hab' ich an dich gedacht.

WAS ZÄRTLICH DU AUCH SPRICHST, ist Lieb' der Seele
Treu.

In meinem Blick, bist du, hier spricht

Das Herz der Liebe. Will immer es dir sagen,

und deine Liebe, im Herzen tragen.

Dein Herz, du hast mir geschenkt.

Wie ein Lied, die Stimme hör,

ein Vöglein fröhlich Sanges.

Auf des Berges-Höh', der Blumenduft und Wiese.

Der Sonnenschein, übers Land erstrahlt.

Ich zärtlich hör, dein Herze spricht.

Ich hab' dich lieb, singt mein Vöglein,

sein lieblich Lied.

„Das Schöne dieser Erde, sei um mich herum,

das Reich, der Pferde."

DEINE ZÄRTLICHEN AUGEN, durchs Tages Lauf.

Im Garten der Träume, schmücket das Haus.

Ein Lächeln der Träume, durch schwebt mein

ganzes Herz. Und die Blumen bunt und schön,

der Sonnenblumen seh'n. So fröhlich die Blätter

tanzen im Wind, wie ein Kind.

Genieße jeden glücklichen Tag. Auf des Glückes Weg,

das Schöne hier auf Erden.

Im Sonnenschein, ein Blümlein zu mir spricht:

„Die Sonne so golden, wir brauchen das Licht."

Mein Täublein wiederkehre, ihr Lied, klingt

so frei. Erfreut dein Herz, wird' ewig mein.

Mein Vöglein fliegt, durch Berg' und Tal.

So, werd' ich dir mein Herze schenken.

Und ewig an dich denken.

ICH SCHENKE DIR DIESEN TAG.

So froh und heiter, des Lebens-Bühne, so geht

der Tag weiter. Golden der Sonnenschein,

die Liebe, im Herze sein.

Es blüht der weiße Flieder, vom Baum

klingt so lieblich, des Vögleins Liedes.

Die Zeit sei schön und voller glücklicher Momente.

Vöglein durch die Lüfte schweben und meine

Rosen blühen in meinem Garten.

Die Stunden unseres Lebens, bewegt das Herz.

So, erklimmen wir glücklich und zufrieden, des Himmelslei-
ter.

Ich höre die Lieder, von unserem Vöglein wieder.

Der uns gegebener Tag, glücklich, so wie ich es mag.

Ein zärtliches Wort, klingt

noch lange, in meinem Herze fort.

„Komm' sei mein, ich bin dein."

ICH DENK' AN DICH und deine Liebe.

Ein glänzendes Licht, unserer Sonne.

Es ist die Liebe, ein liebend' Herz, ein Sonnenblick.

Im Leben, das Glück und Augenblicke, die

Blumen blühen zu seh'n.

Am Horizont den Sonnenaufgang zu erleben.

Den Duft der Blumen und die uns geschenkte Zeit zu spü-
ren.

Im Glück, die Liebe und das Leben seh'n.

Die Welt um mich her, könnte die Menschen glücklich ma-
chen.

Die Liebe und ein herzliches Lachen, das ist das, was das Le-
ben ausmachen.

Es ist ein Stück Erdenglück,

kehrt der Menschheit's guter Wille zurück.

DEINE AUGEN, DEIN BILD, mein Sonnenschein.

Ein Vöglein singt froh, seine Wiese und der

rote Flieder blüht. Die Rosen, so wunderschön,

welche Wonne. Und uns scheint des Lebens Sonne.

Schenkt des Tages Blumenblüte, klingt wie,

„Gott und behüte". Genieß' den Morgen, des

Glückes, Geschenk. Ein frohes Herz, so glücklich

die Zeit. Ich höre, so gerne dein Lachen, die

Lebensfreude. Und wer so sieht den Morgen, erlebt

ein wunderschönen Tag.

Die Liebe und das Glück, ist ein Zauberwort.

Hier findet man die Welt und meine blühenden

Rosen. Im Blick, der Weg zu dir, des Lebens-Sinn.

Durch's Land eilt, der Zeiten-Technik Welt.

Und meine weiße Taube schwebt in die Unendlichkeit.

Die große Freiheit, ein Anker in unserer Zeit.

2013

DAS TOR ZUM PARADIES, der eigenen Wege geh'n.

Ein Ende der Kindheit.

Blütenträume, das Schöne dieser Erde.

Die Sonne, scheint uns überall.

Des Lebens -Lebensblüte zeigt, wie wertvoll

das Leben ist.

Die alten Kinderlieder und die Seele umarmt dich.

Pflücke die Blumen, die am Straßenrand

dich anlächeln.

Sie erhellen deinen Weg und dein Herz

lächelt mir zu.

Was will der Wind uns sagen?

Das ist schon lange her!

Eine leuchtende Seele, die Musik, von einst.

Erst der Jugend, dann das Leben.

Der Gesang des Windes, ist das Tor und

die Tür, der Seele.

Die Lebensweichen, sind gestellt.

DIE SONNE, des beginnenden Frühlings.

Wir folgen unseren Weg. So nah' am Paradies.

Momente, wo sich Himmel und Erde berühren.

Es sind Teile, der Erinnerung.

Du musst an dich glauben.

Die Wälder, sind voller Leben.

Kleine und große Wunder, Augenblicke voller Überraschun-
gen.

Wie erfüllt meine Gedanken sind.

Deine verwundete Seele, im Tal wächst das Gras.

Hier leben die Menschen, die den Frieden lieben.

Ich sah in deinen Augen das Glück.

Geleitet werden die Gedanken und ich höre unsere Musik.

Danke, für die schöne gemeinsame Zeit.

Für die Liebe an deiner Seite.

So gehen wir Hand und Hand, durch des Lebens-Land.

DES LEBENS ZEIT, des Lebens Sinn,

des Lebens Zeit-Beginn.

In Gedankenzauber träumen durch die Zeit.

Die Farben der Liebe und der Menschheit's Glück.

Die Sterne, die Quelle unserer Seele.

Das Schöne im Glauben und den Reichtum

der Kraft durchleben.

Dein Lachen, ist Licht in meinen Augen.

Im Sonnenlicht die Welt uns in den schönsten,

Farben (er)scheint.

Worte der Liebe, Worte der Hoffnung,

die Welt regieren.

Der Friede im Herzen und auf der Welt.

Und wir erkennen, den Zauber der uns Menschen,

Glück und Zufriedenheit gibt.

Es ist im Augenblick von Liebe und Glück.

IM GARTEN SUCHE ICH DEN HIMMEL nach Wolken ab.

Vor mir ein hoher Baum, der meinen Blick fesselt.

So, wie die Vögel ziehen, ziehen auch meine Gedanken mit.

Was wird wohl hinter dem Horizont sein?

Eine neue, eine andere Welt?

Oder geht unser Leben dort in bunten Farben weiter?

Ist da das Ende, oder geht das Leben dort weiter?

Die kühlen Tautropfen im Gras, kehren sie zurück?

Die Bäume dort, könnten viel erzählen.

Zwischen Gestern und Heute, die Klangwelten,

aus Samt und Seide.

Ist hier der freie Himmel, geht dort das

Leben gerade schlafen.

Es dämmert bereits und meine kleine Stadt,

geht auch hier jetzt schlafen.

Friedliche Landschaften, Heimat auf Zeit.

AUF DEN FLUREN, der Welt, ein Panorama seh'n.

Das Geheimnis der Natur ist, sie ist so, wie sie ist.

Die Wirklichkeit in Träumen festhalten.

Bäumen, eine Seele geben.

Eine Schale voller Träume und der Erkennung,

das bist du selbst.

Die Sonne, die der Seele, neue Farben gibt.

Ich habe es nicht vergessen, die Zeit der Träume.

Eine Melodie im Herzen, Wunder einer schönen Zeit.

Die Träume reißen die am Himmel tanzenden Wolken mit.

Die Wege, die ich gehe, werden vom Himmel begleitet.

Die Sonne gibt den Bäumen, die Kraft zum Wachsen.

Eine Handvoll Träume, zeigt die Zeit, des Lebens wieder.

DIE LIEBE, IST EINE BLUME FÜR EIN WORT.

Ein Engel der Hoffnung.

Ein Wort, das man ein Lebenslang im Herzen trägt.

Die alte Linde, wiegt sich im Winde.

Wo die Wolken auf's Meer stoßen.

Wie eine bunte Unterwasser-Welt.

Das ist die Straße, der Zukunft.

Wo Kinder noch Platz zum Spielen haben.

Ich war von den Bildern überrascht.

Wo der Horizont in einer Linie endet.

Fremde Welten, neue Horizonte.

Den Regenbogen folgen, grenzenlos frei sein.

Das Herz ist wie eine Blume, so herzlich.

Sie lacht dich an, die Blume der Liebe.

Du meine Liebe, mein Glück, du mein Leben.

Wir wachsen in das Leben, der Welt hinein.

DU BIST DIE BLÜTE, in meinem Herzen.

Dem Glücklichen das Herz und der Seele den

Sternenhimmel. Mit deiner großen Liebe, sei

Die Blüte mein. Einen Augenblick der Freude sein.

Du bist der Edelstein, der Zeit.

Du bist das Haus, der Liebe.

Du bist die Blüte, der Zeit, unweit.

Schritt für Schritt, gehen wir und die Zeit mit.

Die Weltgesehen, mit Gott zu gehen.

Im Herzen, Glück und Friede.

Das ist der Reichtum, unseres Lebens.

Glücklich, die Blüten, glücklich das Herz.

Glück der Erde, blühen Blumen im März.

Mit Liebe im Herzen, führt der Weg zu dir.

JEDER AUGENBLICK IM LEBEN, ist ein neuer Anfang.

Im Schatten der Sonne, gebe die Sonne dir das

Lebens-Licht. Jeder Moment der Zeit, dir

Freud und Glück bringe. Die Schönheit der

Seele trägt. Die Liebe, mein Arm hält.

Dein Lächeln wie eine Rose blüht.

Der Weg, führt zu dir, mein Licht.

Zeit der Ruhe und Zeit für dich.

Liebe heißt verstehen und das Leben schätzen.

Die Sonne die Welt erhellt.

Ein fröhliches Herz, ist schon das Licht.

Die Quelle des Lebens, ist die Tür zum Glück.

Die Liebe, ist das Glück der Seele.

Wege, zum Ziel.

DAS LICHT UNS DURCH DIE DUNKELHEIT FÜHRT.

Wo Licht ist, da ist auch das Leben.

Jedes Leben, das Licht im Herzen braucht.

Die Augen uns das Licht erblicken lässt.

Gott uns im Gebet des Weisheits-Licht schenkt.

Die Liebe, uns am Morgen wieder lacht.

Die Seele, des Glückes-Licht erwacht.

Leben, ist Licht im Paradies.

Ein Engel dir schickt, das Licht.

Des Lebens Stütze, sei Licht, der Hoffnung.

An deiner Seite, Gott dir Licht, des Weges schenkt.

Des Tageslicht, der Dunkelheit wich.

Des Menschheits' -Licht,

die Zeit durchbricht.

Gott, geht mit dir, den Weg zu mir.

Er führet uns ins Licht, der Sonne.

Gottes Lebens-Lebens-Ziel.

ZUFRIEDEN UND GLÜCKLICH,

Ziehen wir in die Zeit.

Der Tag in unserem Leben, unseres Seins.

Der Zeit entlang, führt die Sonne,

uns durch den Tag.

Erleben, Träumen, die Gedanken blicken

In eine wundervolle Zukunft.

Und du hältst zärtlich meine Hand.

Zufriedenheit im Herzen, macht uns glücklich.

Wir lachen und tanzen, in die vor

Uns bestimmende Zeit.

Der Stunden Licht in unserem Leben, die

Blumen blühen lässt.

Die Uhren schlagen jede neue Stunde.

Und die Gnade Gottes, Hat Geduld,

mit unserer Zeit.

Die Liebe im Herzen, erhöret uns.

Sie begleitet, unsere gemeinsame Zeit.

ES IST SO SCHÖN, bei dir zu sein.

Es ist so schön, für dich da zu sein.

So ist das Glück, auf Erden und Pferden.

Ich hab' dich lieb ein Lebenlang.

Das ist mein Glück und mein Dank.

So schön die Stunden, der Zeit.

Die Stunden der Hoffnung, der Liebe

Und der Glückseligkeit.

Vor Augen die Zeit, es ist wohl wahr.

Es sind jetzt schon vierzig Jahr.

Bilder, der Zufriedenheit.

Gottes Rätsel lösen sich.

Sie beschützen, dich und mich.

EIN TRAUM WIRD WAR, es schlägt schon zehn.

Jetzt können wir, spazieren geh'n.

Durch Wiesen, Wälder, Felder.

Der Natur-Pracht anzusehen.

Wie die Wunder Gottes um uns her, zeigt die Schönheit,

der Natur, sich Pur.

Sieh', doch wie das Leben, uns beschenkt.

Mit soviel Reichtum, von bewaldeter Landschaft.

Von Türen, Vögel die singen, so wunderbar.

Blumen, die da duftend am Wegesrand blühen.

Die Freiheit im Herzen, die Seele voll Glück.

So, ziehen wir dankbar durch dieses einzigartige
Natur-Lebens-Raum-Stück.

DES HERZENS BILD,

des Herzens Glück.

Die Liebe im Herzen immerdar.

Ich, wüsste all' zu gerne, was die Menschheit

Wirklich lerne. Ist's der Menschheit's Herzenswärme?

Führet die Straße geradeaus?

Der Wind weht alle Spuren aus!

Gewinnt die Zeit der Wahrheit?

Im Augenblick, die Blüten, der Blumen zu erkennen?

Im Liede, dich beim Namen nennen.

Und du hältst mich im Arm.

Du gibst mir Trost und Liebe.

Das Licht, der Welt, bei uns bliebe.

Vor uns, liegen Zeiten, im Traum.

für das Leben, zählt Zeit und Raum.

Unser Leben begleitet dein Herz und die Liebe, durch Zeit
und Raum.

Sowie ein glücklicher Traum,

das Lied der Liebe singt.

IM ERSTEN MORGENLICHT,

ich schau' hinaus und schau' in dein Gesicht.

Ein Stern, der Natürlichkeit.

Die Zeit, der Wege, ein Bild uns malen

Lässt. Die Sonne uns scheint und die

Blumen blühen. Der Glanz der

Menschheit uns wissen lässt, wer du bist.

Lächeln und die Schönheit, sind die Wunder

Gottes. Und der Schlüssel aller Fragen.

Mit dem Hufen tragen wir die Schätze

Der Zeit, durch das Leben.

Die Zeichen, des Friedens, gibt der Freiheit,

Hoffnung und ein Miteinander zu verstehen.

Hoch über den Wolken, lassen sich die Wünsche erfüllen.

Der Ruf der Vögel, schallt durch das Land.

Und vor mir dein Bild, in meiner Hand.

DAS LEBEN, IST EIN HAUCH DER ZEIT.

Die Zeit der Kindheit, der Jugend und des Alters.

Hier teilen sich Glück, Augenblicke von Freud' und Leid.

Arm und Reich, sind dem Lebensglück.

Und ich schaue auf mein Tal der Träume.

Wie es blüht und auch wie es vom Nebel verschluckt wird.

Hier spielte ich, hier ich mein Leben mit „Werten" füllte.

An der Mutter Hand, das Leben, an Zeit

Und Lebensinhalt fand.

Wege ins Leben mir zeigten, unendliche Weiten.

Die Stufen der Himmelsleiter, oft so fern.

Ich blicke ein letztes Mal, hinunter, in mein Heimattal.

Mit dem Glück voraus, ziehe ich in die Weite der Welt hin-
aus.

Die zarten Träume, im Herzen und ein Bild, das mir sagt:

„es war einmal". Doch hier, bist du bei mir

und dafür; „Danke ich dir."

MEINES HERZENS FREUD', meines Herzens Leid.

Meines Herzens Glück, ist nicht weit.

So kommt der Augenblick, der Augenblick, der Zeit.

Nimm das Leben so an, wie es sich zeigt.

Eine Handvoller Träume, wiegt sich im Wind.

Gedanken rückwärts sehen, vom Alter bis zum Kind.

Eine Zeit, die lange her.

Eine Zeit, die Erinnerung schwer.

Der Jahre Glück, bringen die Zeit zurück.

Freu' dich über das, was das Leben dir geben kann.

Das was die Nachtigall, als Poesie ersann.

Der Seele Kunst, der Frühling hoffen lässt.

Uns Menschen, die Träume, des Herzens sei.

Glücklich jeder Tag, alles Leid, vorbei.

Die Zeit, der Augenblick, uns die Stunden

Wieder gibt, in Sekunden.

So, erzählt man hier, die Schmiede-Stunden!

DEIN BILD, DEIN HERZ, der Weg zu mir.

Ein Herz, was mich begleitet.

Was wir auch im Leben durchschreiten.

Im Sonnenaufgang, alle Wege geh'n.

Jeder Tag, mit der Liebe seh'n.

Wie die Augen glücklich, strahlt dein Herz.

Im Sonnenschein, alle Blumen blühen.

Die Zeit, des Himmels-Licht.

Die Zukunft, sei grenzenlos.

Träume, durch die Zeit.

Gedanken, ziehen mit den Wolken, gar nicht weit.

Mit dem Glück im Herzen, besteht die Liebe.

Des Herzens Freud', ist der Liebe Glück.

Mein Herz schlägt für dich.

Die Sonne blickt mit hellem Schein, in unserer Herz hinein.

Und die Blumen blühen, für uns allein.

So, soll das Schmiede-Glück, wohl sein!

ES IST DIE ZEIT, von der Zeit.

Dein Lächeln kam vom Herzen.

Und die Zeit, ist nur ein Wort.

Worte, die Gedanken von Himmel und Erde,

zum Weg führen.

Deine Worte mir die Zeit vergessen lassen.

Und der Augenblick, wo du da bist.

Du bist da und dein Lächeln tut so gut.

Ein Lächeln das, das Leben begleitet.

Die Wunder, ein Licht in dein Gesicht.

Die kleinen Dinge, des Lebens und die Hoffnung,

lassen die Blumen blühen.

Ein Zauber von Kraft, gibt mir Mut.

Die Werke Gottes sind wunderbar.

Im Herzen die Liebe, denn du bist da.

Glücklich im Leben, ist der Weg einer

Glücklichen und zufriedenen Seele.

Ein Lächeln von mir, als Dank,

der Liebe zurück.

IN DEINER HAND, liegt das Leben, liegt die Zeit.

Die Kraft lässt uns jeden neuen Tag erleben.

Durch Hoffnung begleitet uns das Leben.

Herzen die glücklich, sind der Liebe Macht.

Längst der Menschheit's Weisheit, zum Himmel führt.

Herzensworte, die uns durch den Tag geleiten.

Liebe, die uns begleiten.

Eine Zeit in Frieden, eine Antwort, der Liebe.

Du bist nicht allein, so soll es wohl sein.

In deinen Augen, das Licht, der Freude und des Glück's.

Die Musik des Herzens, ist das Tor, der Welt.

Und die Quelle des Herzens, der Menschen.

Die Nachtigall singt ihr Lied.

„Auch Gott, hat dich lieb."

EIN GLÜCKLICHES HERZ, ist wie eine Blume, in meinem
Haar.

Dein Herz ist deines Lebens Quelle.

Dein Herz jubelt der Seele Glück.

Dein Herz des Augenblickes Freud.

Dein Herz wird Türen öffnen.

Dein Herz ist der Lebensfreude Moment.

Dein Herz gibt uns die Zeit des Lebens.

Unser Herz ein Wegweiser unseres Lebens.

Dein Herz des Tages, Reichtums.

Dein Herz der Wunsch Gottes.

Dein Herz in meiner Hand.

Dein Herz uns täglich neue Kraft spendet.

Dein Herz lässt die Dunkelheit erhellen.

Unser Herz ist der Garten voller schöner Blumen.

Ein Herz, ist der Welten-Friedens-Wunder-Glück.

Unsere Herzen, so schön und so wunderbar.

UND FRÜHMORGENS SCHEINT DIE SONNE und die Vö-
gel

Singen. Die Herzen frei und Gott sei dabei.

Das Leben beginnt, die Wege sind voller wunderschöner

Gedanken. Der Gesang der Vögel, klingt wie Musik.

Sorgenfreiheit der Friede, sind der Menschheit's Glück.

Liebe Worte von dir, geben mir Kraft und Hoffnung.

Dein Bild in meiner Hand, Gottes Geschenk.

Die Zeit spiegelt sich, in unseren Augen.

Ein Licht durchbricht den Horizont.

Im Herzen Licht, der Menschen Freiheit.

Und du bist da, der Weg einer glücklichen Seele.

WIR FOLGEN DEN WEG DER SONNE.

Wir folgen den Weg, an unseren

Müttern und Vätern vorbei.

An uns ziehen vorbei, Wiesen, Felder, Wälder.

An uns ziehen vorbei, Menschen, alt und jung.

Wir verlassen das Tal, der Kindheit.

Wir verlassen, die Wege, wo einst meine Wiege stand.

Wir gedenken, der Heimat, wo einst Mutter sang.

Wir gedenken, die Zeit, der Kindheit, Jugend mein Heimat-
land.

Wir tragen im Herzen, der Liebe Glück.

Wir tragen im Herzen, was hier ist unser Glück.

Wir tragen im Herzen, der Kindertage Glück.

Wir tragen im Herzen, so viel mehr,

und denken, gern, an Kindheit,

Mutter und Heimat zurück.

Kindertage.

DU BIST DES HIMMELS STERN.

Schau, mit mir der Sonne gern.

Heut' ist der Tag der Pferde.

Einmal Hü, einmal Hot, geht es über das Parket.

Pferdchen hier und da, Pferdchen schick und wunderbar.

Wir schauen, was Ross und Reiter schaffen.

Punkte für Dies und Das.

Und die Sonne uns lacht.

So, haben wir alle, das Tollste vollbracht.

Für des Hufens-Lauf, passt der Schmied gut auf.

Das hier alles gut gelingt, was am Ende,

Glück uns bringt.

Und Morgen geht es weiter, für Pferd und Reiter.

Es hat alles seinen Sinn.

Und Morgen, gelingt uns der Hauptgewinn.

Mit einem Lied, sagen alle Danke,

für Reiter, Pferd und sein Schmied.

Inmitten der Eleganz,

steht ein Pferd,

mit einem Lorbeer-Kranz.

Turnier, Lilienthal 11/12 Mai 2013. Erinnerungen.

DIE LIEBE UND DIE GNADE GOTTES, sei bei dir.

Des Lebens Reise gemeinsam, Wege finden lässt.

Dein liebes Wort, mich glücklich macht.

Des Herzens Gedanken, seien bei dir.

Des Zieles Risse, dir Kraft und Hoffnung gibt.

Gemeinsam durch das Tal der Hoffnung gehen.

Von Freude und Glück begleitet uns das Leben.

Wie im Sturmgebraus, singt der Wind sein Lied.

Die gülden Sonne heller Schein, leuchtet

Uns ins Herz hinein.

Der Stunden Schlag, beendet den erfolgreichen Tag.

So, auf allen Wegen, geben wir jetzt

Der Ruhe entgegen.

Schön ist der Tag.

HEIMAT, IST IMMER NAH.

Das kleine Glück hier immer da.

Hier ist so weit, die Arbeit und die Zeit.

Die Ruhe, die hier einst weilte, von Schönheit

Und Erinnerung ereilte.

Lange her, ein Zuhause, die der meine Heimat.

Unser Licht hier scheint und Wege wunderbar.

So ist auch hier die Heimat nah.

Die Liebe und du bist da.

Heute, ist die Zeit, für Glück und Frieden.

Und der Wind, singt uns das Lied:

„Schön, das es dich gibt."

Der Weg nach Hause, ist bei dir.

Hier ist das Land, uns nicht unbekannt.

KOMM, LASS UNS SCHAUEN, der Blumenkeit.

Die Schönheit, der Vielfalt, der Blumen, wie Gott sie schuf.

Was die Welt besitzt, die Farben, der Hoffnung.

Die Quelle des Lichtes, strahlenden Lebens.

Das Leben so verrann.

Das Land, der aufgehenden Sonne.

So, winket meine Hand, noch mal dem liebend

Heimatland. Gib mir lieb, der Liebe mein.

Ein Schauspiel, der Vergangenheit.

Für alle Zeit, ich ein Engel fand.

Wahre Liebe, wahres Glück, kehrt ins eigene Herz zurück.

Frage, auf allen Wegen, deine Liebe mein.

Glück, Frieden und Hoffnung,

bleiben bei uns zurück.

BLUMEN, DIE BLÜHEN, WEINEN NICHT.

Auch, wenn man sie des Weges bricht.

Sie strahlen stolz in Sonnenlicht.

Ein Lächeln und dein glücklich' Herz.

Des Glückes Menschen nah, so schön mein

Blümlein stehet da.

Schaut her, oh, wie fein,

soll dieses Blümlein, deines sein.

Das Glück im Leben, wird dir Freunde geben.

Blumen, die blühen, dem Leben, ein Lachen schenkt.

So, ist die Liebe, die glücklich an dich denkt.

Blumen blühen im Herze mein,

sie bringen das Glück und den Sonnenschein,

in unser Leben rein.

HEUTE, IST EIN SCHÖNER TAG und ich konnte wieder lachen.

Der Tag, lächelt uns an, hier scheint die Zeit still zu stehen.

Ein Morgen voller Träume. Mit bunten Farben, die Schönheit, des Lebens seh'n.

Und meine Augen erblicken dich.

Vom Schönen, des Tages, der Stunden „Zahl" entgegen.

Auf den Weg, der Erkenntnis, der weiten Horizonte.

Aller Welt, das Licht, der goldenen Sonne uns wärmt.

Der Blick zum Himmel, lässt uns gemeinsam den besten Weg finden.

Die Liste uns die bunten Farben, des Lebens, sehen lässt.

Und du bist da.

GESTERN NOCH, DACHTE ICH AN DICH. Die Zeit scheint,
der Gedanken frei.

Deine Liebe und mein Herz. Diese Zeit voller Hoffnung
und Freude sei.

Ich will dir als Dank dafür, der Liebe glücklich sein.

So auch Gott bei uns ist. Ein Bild von dir, sei im Herz' bei
mir.

Was wir hören und sehen, ist zeitlich wunderschön.

Dein Herz, deine Liebe, begleitet uns durch die Zeit.

Wie ein Zauber, die Gedanken, aus meinem Herzen spre-
chen.

Ein Lächeln, unseres Lebens, erfüllt uns mit unserer Liebe.

Und Gestern ist ein Heute und ein Morgen.

So kann man versteh'n, die Zeit, der Liebe.

Und im Herz, was auch morgen noch für den Anderen
schlägt.

Die Liebe uns durch den Tag und durch das ganze Leben
trägt.

SOLANGE UNS DIE SONNE SCHEINT.

Von uns kein Auge weint.

Solange die Vögel für uns singen.

Von uns fröhliche Lieder klingen.

Solange du bei mir bist.

Von uns es wohl Liebe ist.

Solange der Regen fällt.

Von uns kein Blümlein welkt.

Solange uns des Glückes holt.

Von uns die Seele ist wie Gold.

Solange deine Hand mich hält.

Von uns ist das Glück der Welt.

Solange uns lächelt die Liebe.

Von uns des Herzens Freud.

Solange das Herz für uns schlägt.

Gott uns durch die Welt trägt.

Solange wir gemeinsam singen.

Für uns fröhliche Lieder klingen.

OB HIER, ODER WEIT FERN, ich hab' dich lieb, ich hab'
dich gern.

Friede im Herzen, so leuchtet dir ein Stern.

Des Tages Zeit, ist der Stunden weit.

Freude im Herzen, hat die Zeit, der Welten Friede.

Der Weg des Herzens, ist der Weg der Wahrheit.

Wo die Schwalbe, der Lüfte siegt.

Und der Wind, die Linde biegt.

Da kommt die Sonne in unserer Zeit.

Die Zeit der Ruhe, die uns die Kraft wieder gibt.

Die Zeit im raschen Flug, die Stunden rasen lässt.

Die Kraft für jeden neuen Morgen und ein Leben,

die die Zeit ziehen lässt.

Für immer da, der Wolken nah.

Und du bist da.

FLIEGE KLEINER SCHMETTERLING.

Des Lebens Wolken, ein wunderbares Märchen.

Jeder Tag, der Jugend-Zeiten.

Und du tust mich auf den Weg begleiten.

Der Weg, des Schmetterlinges, dem Himmel nah.

Durch's Leben und du bist da.

Vorwärts in die Zukunft seh'n.

Glückliche Menschen, brauchen keine Worte.

Glückliche Menschen, sprechen mit dem Herz.

Die Welt gehört uns.

Ein Sommer, dem Dasein, unseres Schmetterlinges.

Jeder Tag zu uns spricht,

denke an mich, vergiss' mich nicht.

Die Seele und das Glück, ist unser Erfolg, im Leben.

HEUTE HAB' ICH MIR ZEIT GENOMMEN.

Heute hab'e ich mit der Arbeit hier begonnen.

Farbe, Bleche und Steine muss her.

Ruck Zuck gebohrt, das war gar nicht schwer.

Überall helfende Hände, überall den Überblick behalten.

Mit Musik und Gesang, gibt der Hammer seinen Klang.

Hier bin ich zu Haus.

Der Blick durch die Tür ergibt immer neue Bilder.

Unsere Hände zählen die Steine.

Die Sprache des Anderen versteh'n.

So mag ich gerne der Arbeit zusehen.

Weit reicht die Sicht.

Und ich bin die Königin der Blumen.

Und du bist der Meister des Hammers.

DIE GESICHTER DER ZEIT. Bilder, die an einem vorüber ziehen.

Heimat, der Weg in die Welt.

Wenn das Tageslicht unsere Seele streichelt.

Wenn die Schwalbe fliegt so hoch.

Wenn ich hör das Lied, des Windes.

Wenn die Jahre so vergehen.

Wenn die Träume vom Winde verweh'n.

Wenn Gedanken, der Worte zählen.

Wenn meine Augen dich erblicken.

Wenn du den Träumen nah.

Wenn unsere Blumen herrliche Blüten haben.

Wenn unser Leben, der Blüten Knospen tragen.

Wenn die Erde vom kalten Wind zittert.

Wenn jeder Tag von Müdigkeit schlafen geht.

Wenn deine Hand mich hält.

Wenn du mir so viel Kraft gibst.

Wenn die Erinnerung verblasst.

Wenn, wann wer wie wo geht.

Gott, uns alle Zeit beisteht.

Und du bist hier bei mir.

JEDES HERZ KENNT DIE LIEBE, eines wertvollen Menschen.

Jedes Herz singt seine Melodie.

Ein Platz im Herzen, ein Paradies.

Wenn das Herz lächelt, lächelst auch du.

Im Blick, auf unseres Leben's Sinn.

Die Zeit, vor Augen, des Lebens-Weges.

Zu der Zeit, des Himmels Licht's.

Des Uhren Glockenschlagen, der Minuten Lebensglück.

Das Licht der Laterne, den Lebensweg erhellt.

Ein Bild, gleicht dem anderen Bild.

Mag auch mein Herz, von Glück erfüllt.

Mit einem Blumenstrauß,

durch die gerechte Zeit.

Gottes Kinder, sind wir alle.

Unser Leben, lässt uns der Freude,

der Liebe und des Glückes viel.

Unser Leben, unser Sinn, unser Lebensziel.

DIE JAHRE VERGEH'N

Und die Zeit bleibt nicht steh'n.

Ein Plätzchen zum Träumen.

Alles braucht seine Zeit.

Ich glaube an das Glück und an ein Leben danach.

Das Leben, mit der Sonne im Herzen.

Die Zukunft bewegt uns.

Ein Engel an meiner Seite.

Ist ein Engel in meinem Herzen.

Der Erden Glück, ist des Himmels' Zuversicht.

Wo der Horizont, in einer Linie endet.

Reisen, durch das erste Leben.

Da, wo die Pferde noch auf der Weide grasen.

Die Sonne, prallt vom Horizont

Zurück, auf uns und die Welt.

SCHAU, AN DER WAND, HÄNGT DEIN BILD.

Mit dem Eisen in der Hand.

Auf den alten Pfaden, schmücken Blumen den Felsboden.

Aus früheren Zeiten, glühen Eisen.

Manchmal scheint die Zeit, zum greifen nah.

Das Licht, wird immer heller und leuchtet, wie eine Laterne.

Licht, das uns durch den Tag hinweg begleitet.

Und als kleine Laterne uns den hellen Schein, als Sicherheit
gibt.

Es ist das Lied, des Schmiede-Hammers.

Die Kraft langsam, an Zahl wächst.

Jeder Hammer-Schlag, ist wie das wirkliche Leben.

Auch in unserem Leben, gibt es des Herzensglück.

Genügend Zeit, um das Eisen zu formen und zu schmieden.

Meines Herzens Eisen glüht für dich.

Nun ist alles was Fern', für uns zum Greifen nah.

Denn, einer ist für den anderen da.

GLÜCK, IST DAS LÄCHELN DES LEBENS.

Wir brauchen die Zeit des Lebens.

Rosen, die dein Garten zieren.

Ein Herz wird Liebe dir geben.

Ein Licht was dein Leben erhellt.

Ein Licht was uns leuchtet, hier auf der Welt.

Rosen, die blühen.

Im Herzen, die Sterne leuchten uns zu.

An deiner Seite, gehen wir durch den Morgen.

Durch die Stille.

Ein Augenblick, der Ruhe.

Die Jahre, sie zählen.

Ein Lächeln, des Lebens.

Ein fröhliches Herz, lächelt uns täglich auf's neue.

Durch das Leben.

Es ist so schön, was Gott uns da hat gegeben.

„Ein glückliches Lächeln."

DU STEHST IM SOMMER-SONNEN-LICHT.

Hier heißt Rang und Ruhm, es selbst zu tun.

Die Kraft der Arbeit, ergibt ein Schmuckstück.

Alles bekommt ein neues Kleid.

Es sind die Farben, die das Aug' und das Herz erfreuen lassen.

Ein neuer Glanz erhellt, das tägliche Leben.

Eine neue Quelle, die wir dem Leben geben.

In einem anderen Namen, finde ich meinen Engel.

Zum Sonnenlichte führt der Schritt zum „Heute".

Ein jauchzend Herz, voll Lieb' und voller Güte.

Eine Sommerseligkeit, des Glück's.

EINE INSEL VOLLER TRÄUME, eine Insel voller Glück.

Eine Insel voller Freude, kehrt das Glück zu dir zurück.

Eine Insel, die dir Hoffnung geben kann.

Das ganze Leben, ist eine Insel der Liebe, der Hoffnung und des Glückes.

Wo der Mensch, das Lachen wieder findet.

Wo der Mensch, das Leben begegnet.

Wo das Leben, dir Freude und Zufriedenheit gibt.

Wo das Herz, dir sagt, dass es dich liebt.

Wo die Insel, die Welt, den Weg, zur Ruhe findet.

Meine Insel, der stillen Stunden.

Meine Insel, da ich dich gefunden.

Meine Insel, der leisen Schritte.

Meine Insel, der geschenkten Zeiten.

Unsere Insel, die uns immer wird begleiten.

Unsere Insel, die das Herz reden lässt.

Unsere Insel, die das Glück, in dem Händen hält, ganz fest.

IN MEINEM GARTEN, blühen die schönsten Blumen.

Sie folgen dem Licht der Sonne, so wie wir auch.

Die Wolken, geben dem Himmel ein immer wieder anderes Gesicht.

Es ist die der Schöpfung's Natur.

Die Schönheiten der Gegebenheit pur.

Die Wolken, zielen mit dem Winde.

So wie die, unsere Lebensader geschwinde.

Die Sonne, uns täglich lacht.

Ein Wunder, was Du hast heute vollbracht.

Mit jedem Atem, wir dem Herzen, geben die Macht.

Wenn das Glück und die Sonne uns lacht.

Nach getaner Arbeit wir uns geben zur Ruh'.

Gott schütze uns, ich und du.

DAS LICHT DER SONNE,

Das Licht des Mondes.

Das Licht der Sterne.

Das Licht erhellt die Ferne.

Das Licht des Lebens.

Das Licht des Gebens.

Es ist das Licht, des Lebens.

Das Licht erhellt die Dunkelheit.

Das Licht gibt uns Menschen Sicherheit.

Es ist das Licht der Dankbarkeit.

Das Licht des Fußes Schritte.

Das Licht in unserer Lebens Mitte.

Es ist das Licht im Raume.

Das Licht der Träume.

Im Lichte, seh'e ich dich.

Du bist das Licht für mich.

Das Lebenslicht und du.

Es ist das Licht, der Liebe, des Glückes und Gott

Schaut von oben auf uns zu.

KEHRT DAS LICHT, DIR EINST ZURÜCK.

Der Augenblick, des Herzens Glück.

Die Blumen dir blühen, so schön.

Die Vögel, sie singen, bis sie schlafen geh'n.

Das Leben, es gibt dir die Zeit.

Die Welt, sie möchte lachen.

Solange wir lachen, finden wir Glück.

Der Himmel uns von Oben lacht.

Solange die Menschheit, sich keine Sorgen macht.

Des Lebens Sinn, die Hoffnung uns gibt.

Ein Fenster der Seele, was du liebst.

Des Glückes Tor, ist des Lebens Tür.

Glück, von Sorgen frei, so beginnt jeder neue Morgen.

Des Lebens Sinn, ist ein immer wieder neuer Lebens-Beginn.

Mit dir und ohne Sorgen.

DIE SONNE, STRAHLT MIT IHREM HELLEN SCHEIN,

in unser Herz' hinein.

Durch die Lebenszeiten, bunter Träume.

Der Augenblick des Lebens, ein Sonnenstrahl.

So, lebe und hoffe, alles wird gelingen.

Was das Leben dir auch wird bringen.

Die Wunder der Natur, sie lachen dir zu.

Ein Lied und du lächelst mir zu.

Es ist das Glück im Leben.

Die Sonnenstrahlen erhellen uns, unseren Weg.

Die Erde wäre schön, wäre sie ein Blumenbeet.

Wo alle Menschen könnten geh'n.

Durch das Licht, des Lebens,

der Hoffnung und des Friedens.

„DAS LICHT, FÜHRT UNS DURCH DIE FINSTERNIS."

So, blicken wir voraus.

Flieg, kleiner Vogel flieg, hier bist du zu haus.

Über Häuser, Dächer und Wiesen.

Frieden im Herzen, ein Gedanke und meine weiße Taube
singt dazu.

Auf dem Weg zu dir, finde ich mein Glück.

Das Herz der Welt, ist die Sonne.

Die Sonne, durchbricht mit ihren Strahlen, jedes Menschen-
herz.

Folge dem Licht der Sonne, alles ist von kurzer Dauer.

Heut' fängt das Leben an.

Für jeden scheint die Sonne, auch für dich.

Die Lebenszeit, unserer Uhrzeit, schlägt für alle.

Der Horizont, wird lang und länger.

Wir schreiten mit dem Leben,

gemeinsam der Sonne entgegen.

2018

ES KOMMT AUCH MAL DER TAG FÜR DICH, von Sorgen
frei.

Wenn alles Leid ist hier vorbei.

Die Blumen wieder blühen seh',

Wenn ich dann hier am Wegrand steh'.

Dann brauch' ich nicht mehr weinen,

und seh' die Sonne mit meinen Äuglein wieder scheinen.

So, schaue ich, den Weg voraus,

bin ich in meinem kleinen Heimathaus.

WENN MUTTER KAM VOM FELDE HEIM,

ich aus der Schule kam, war ich nicht mehr allein.

So ist das Leben eben.

Gott schütze jetzt dein Leben.

Begleite dich auf allen Wegen,

So wird sein für dich „Gottes Segen".

Gut und schön, du wirst es seh'n,

werd' ich durchs Leben geh'n.

Es ist einander Schritt,

aber „eure Gedanken" begleiten mich mit.

Wenn ich dann „schaue" den Wolken nach,

bleibt mein Herz für immer wach.

SCHAUE IN DIE SONNE, du siehst das Licht,

Schaue in die Sonne, sie scheint in dein Gesicht.

Schaue in die Sonne, sie ist ohne Schranken,

Schaue in die Sonne, sie sieht den Augenblick, deine Gedan-
ken.

Schön das Leben ist, wenn du bei mir bist,

Schön das Leben ist, höre ich deine Worte.

Schön das Leben ist, die Liebe lebt hier.

Schön das Leben ist, mein Glück ist bei dir.

OH, WELCHE PRACHT, die Sonne lacht am Morgen, nur
für dich.

Die Sonne lacht ins Herz rein am Morgen nur für dich allein.

Die Sonne begleitet dich in den Tag hinein,

so wird es immer schön für dich sein.

ICH SING' DIR EIN LIED VON ALTEN ZEITEN.

Ich sing' Dir ein Lied von unserem Glück,

Kommt auch das Glück vom Pferdereiten.

Kommt auch das Glück zu uns zurück.

Lächle und wir werden die Welt durchschreiten.

Lächle, dann das Glück kehrt zurück.

IMMER WENN DU TRAURIG WARST, hab' ich dir ein
Spruch geschrieben.

Immer, wenn ich in deine Augen sah, wusste ich, ich werd'
dich immer lieben.

Immer, wenn du traurig warst, wusste ich, das Glück, wird
siegen.

Das Leben, hat unsere Liebe geschrieben.

Immer, wenn ich in deine Augen sah,

waren wir, den Himmel nah.

„Für jetzt und immer da."

ALLES GUTE WÜNSCH ICH DIR.

Mit allen Wünschen alles Liebe und Gute mit einem Blüm-
lein von uns hier.

SOLANGE DIE SONNE SCHEINT, sei glücklich und zufrieden.

Ein Blümlein am Wegesrand steht.

Das Glück im Leben niemals vergeht.

Die Welt ist groß und die Natur eine Freude für unsere Augen.

DER ERDEN-BLÜMLEIN WUNDERSCHÖN.

Rosen ist der Seele lieb.

Viel Blumen schön und fein.

Gegrüßt, sollst du sein.

ZUFRIEDENHEIT und frohen Mut.

Glück und Gesundheit und alles wird gut.

SO KANN MAN DIE WELT BEWEGEN,

wir laufen der Sonne entgegen,

(auf allen Wegen mit Gottes Segen,

durch den Regen).

DES WEGES EINE BLUME STAND.

Ich pflücke sie mit meiner Hand.

Nun blüht sie hier bei mir.

Ich danke Gott dafür.

Bunt und schön und wunderbar.

Das Glück ist jetzt für alle da.

ES IST SCHON EINE GROßE GNADE,

Gabe die ich dahabe,

die Gott mir gab'.

Dem Glück, sag' ich heut' danke.

Am Himmel ein Bild, ein Name stand.

„Ein glückliches Herz und Glück, was ich da fand."

ICH GEHE HINAUS, in den Sonnenuntergang.

Bunt und schön, von Gott gesandt.

Licht und Wärme die Blumen blühen lässt.

Ein Traum des Glückes-Schmied.

Ein Weg, ein Schritt und die Seele geht mit.

Ein Goldfeuer in des Morgens Sonnenaufgang.

Das glühende Eisen formen lässt.

DES MEISTERS HAND:

Ich gehe hinaus in den Sonnenuntergang.

Bunt und schön, von Gott gesandt.

Wie auch du an meiner Hand.

Alles auf dieser Erde, heißt Leben.

Die Sonne, die Quelle, des Lebens.

Licht und Wärme die Blumen blühen lässt.

Ein Traum des Glückes-Schmied.

Ein Weg, ein Schritt und die Seele geht mit.

In dem nächsten Morgen-Sonnenstrahl.

Ein Goldfeuer in des Morgens Sonnen-Feuer-Ball.

Des Meisters Hand, das Eisen schmiedet, wie ein Echo Hall.

Hörst du die Schmiedemusik!

SO VERGEHEN DIE JAHRE UNSERES LEBENS,

oft sucht man nach dem Sinn vergebens.

So zeigt sich das Bild der Heimat.

Die traute Linde wiegt sich im Winde.

Das Leben zeigt sich von der schönen Seite.

Das Leben vom Kind, die Zeit (wurde) von Gott steht's be-
gleitet.

So soll denn auch sein das nächste Jahr, begleitet von Gott
für immer da.

HEUT' IST EIN SCHÖNER MORGEN, heut' ist ein schöner Tag.

Das Glück der Menschen, den Frieden mag (macht).

Die Sonne, welcher Wonne der Farbenpracht.

Die Sonne am Himmel so friedlich lacht.

Im Lichte des Morgens, ein Vogel wacht.

Das Lächeln der Erde ist die Pracht (Macht).

HOCH ÜBER DEN WOLKEN, seh' ich Träume ziehen.

Hoch über den Wolken, schaue ich.

Hoch über den Wolken, sehe ich dich.

Hoch über den Wolken, ziehe ich mit.

Hoch über den Wolken, sehe ich ein Licht.

Hoch über den Wolken, ziehen meine Träume mit.

So winke (winkte) ich noch einmal zu dir, du mein stilles Tal.

SOWEIT DAS LAND, die Schönheit im Blick.

Die Stille im Herzen, bringt die Ruhe zurück.

Soweit das Auge, den Horizont erblickt,

weite Landschaften, im strahlenden Gelb.

Hier wurden die Felder mit Raps bestellt.

Wieweit, das Leben auch geht,

alles wird einmal vom Winde verweht.

WAS AUCH IMMER MEIN AUGE SAH.

Im Leben die Blumen blühen wie wahr.

Wer so viel Glück hatte, wie du.

Am nächsten Morgen, zählt die Zeit.

Das schönste der Zeit, wenn die Blumen blühen.

Das Licht, ein weltblick, die Straße der Hoffnung.

Vom bunten Farben blüht die Zeit.

Die Hand das Licht des Herzens ist die Zukunft.

UND ÜBERS JAHR DIE BLUMEN WIEDER BLÜHEN

Bäume und Wiesen wieder grün

das Leben sich von der schönsten Seite zeigt

die Linde sich im Winde neigt.

Sprüche und Redewendungen

Die Hoffnung ist immer da. Wenn man nicht hofft, gibt man sich auf.

Zum Erfolg und zum Ruhme brachte mich einst eine kleine Kornblume (Sonnenblume).

Wenn auch du bist so fern, du bist mein Glitzestern.

Das Licht bringt die Sonne zurück.

Den Sonnenschein fang ich für Dich ein.

Dem Leben Neues geben, mit neuer Erkenntnisse weiter leben.

Die Fahrt mit der Flut, mit all mein Hab und Gut.

Auf den Rädern durch die Welt, mit viel Mut und ohne Geld.

In Gedanken male ich Blumen der Zahl viel, eine Blumenwiese ist das Bilderziel.

Wer Vertrauen hat, erlebt jeden Tag neue Wunder.

Das Glück ist überall zu finden.

Wer sich heute freuen kann, sollte nicht bis morgen warten.

Wer mich von ganzen Herzen suchen wird, von dem werde ich mich finden lassen.

Zusammen ist man weniger allein.

Das Leben liebt dich.

Schau in die Welt, sie ist so schön.

Das Leben heißt auch immer Mut.

Den Weg, den du gehst, sei dein.

Viel Glück und viel Segen, begleite dein Leben.

Im Vorübergehen erblicke die Schönheit (die Wunder) der Natur.

Gelassenheit und Ruhe geben dir Kraft.

Die Phantasie im Reich der Wunderwelt.

Deine Ziele erreiche hier und überall.

Aus den Augen spricht die Liebe (das Glück, das Leben).

Dein Gesicht strahlt wie die Sonne.

Im Schatten der Sonne liegen die Wunder.

Ein Blick in die schöne Natur gibt Kraft.

Schön ist alles, was man Liebe nennt.

Ein Schmetterling in der Sonne ist wie eine Blume, die aufblüht.

Mein (ein) Leben, dass ich hatte, war für Euch.

Ein Herz, das liebt, gibt.

Ein Herz, das glücklich, blüht wie eine Blume auf den Heiden fein.

Ein kleiner Gruß, für Dich allein, willkommen sollst du bei mir sein.

Freude ist die beste Medizin.

Lachen lässt alle Krankheiten vergessen.

Ein Röslein rot gibt der Birne Brot.

Das wenige im Leben ist gleich viel.

Wer auf den Hund kommt, hört die Pferde husten.

Was das Herz sagt und die Zeit träumt.

Glück ist die Freiheit der Zeit.

Sonne ist das Strahlen der Augen.

Das Strahlen der Sonne sind die Augen.

Der Tag ist der Hände Arbeit.

Wenn die Seele schreit, singe leise.

Der Sommer ist schön, der Herbst ist schön, der Winter ist schön und der Frühling sind wir.

Das Lächeln der Menschen ist das glückliche Herz einer Blume.

Ein glückliches Herz ist eine wunderbare Gabe Gottes.

Ein (Dein) glückliches Herz uns neue Kraft und Hoffnung gibt.

So sind wir der Zeit immer einen Schritt voraus.

Das Leben sind oft leere Worte.

Die Sonne, die im Herzen lacht.

Das Lächeln deiner Augen.

Auf allen Wegen, lacht dir das Glück entgegen.

Ein glückliches Herz, ist wie eine Blume in meinem Haar. Schön --- und doch so wunderbar.

Im Wind der Zeit verweht.

Gutes seh'n, Gutes tun, gutes ist, was nun.

Aus den Augen spricht die Liebe, das Glück, das Leben, die Wunder der Welt.

Liebe Worte machen aus der Erde einen frohen Ort.

Überall wartet das Leben.

So wird das Glück verbunden mit ein paar Lesestunden.

Hast du erst einmal ein Ziel vor Augen, dann gibt es nur eines: die Uhrzeit.

Was wird sein, in ein, zwei Jahren?

Sieh' das Gute liegt so nah, denn das Glück ist immer da.

Der Erden Glück ist der Himmels Zuversicht.

Ein freudiger Blick, ein liebes Wort und das Herz' freut sich.

Ein Spiegel der lacht, sieht dich.

Lebe, der Antwort nah'.

Die Uhr, die steht, ist eine Standuhr.

Das Heute ist von Morgen das Gestern.

Weiß Heute, was Morgen, wie Gestern war.

Der Morgen, wird ein Heute, von Gestern sein.

Auf allen Wegen strahlt dir das Glück entgegen.

Im Garten der Träume findest du das Glück.

Auf dem Weg, den du gehst, liegt die Zeit.

In der Seele ruht das Licht (Glück, die Zukunft).

Mit jedem neuen Morgen lacht dir das Glück.

Zeit heißt, solange die Blumen blühen.

Des Wortes Lachen ist des Liedes Singen meiner Seele.

Des Weges Wahrheit ist des Himmels Gerechtigkeit.

Des Lebens leuchtendes Licht ist die blühende Blume, die man (nicht) bricht.

Die Wege des Herzens ist des Meeres brausende Wellen.

Des Lebens Morgen ist des Lebens wiederkehrender Tag.

Im Irgendwo findet man das Nirgendwo.

Alles hat im Leben so einen (seinen) Sinn.

Des Lebens goldener Traum.

Das Leben schreibt sich wie ein Roman.

Das Herz der Welt heißt wohl „Sonne".

Jeder Morgen schwebt in den Tag hinein.

Die Welt ist reichlich voller Zauber.

Zauber ist wie ein Buch ohne Worte.

Auf dem Weg zum Glück gibt es Stufen.

Des Himmels goldener Traum ist des Lebens blühender Baum.

Das Licht der Menschen ist das „goldene Wort".

Am Morgen immer Gott dich weckt.

Das Lächeln des Morgens die Nacht besiegt.

Eine Handvoll Sand zeigt die Zeit des Lebens hier wieder.

Die Zeit des Lebens verstehe das Glück, die Zeit ist morgen, kehrt die Stille zurück.

Blüten, die wie Perlen strahlen, Orte, die wie Bilder gemalen.

So wie die Mühlensteine mahlen das Schrot, Gott den Menschen gibt ihr „Brot".

Durch die Zeiten lese ich jetzt diese Seiten.

Am Bache die Blumen blühend dort steh'n, mein Auge so glücklich sie blühen zu seh'n.

Jede Rose wird einmal verblühen, dann werden wir des Weges ziehen.

Das Leben geht (mit uns) spazieren.

Der Sonnenschein macht eine Reise durch die Zeit. Die Zeit ist der Zug dieser Welt (Zeit).

Die Erde und die Blüte einer Blume könnte das Paradies sein.

Der Morgen das Lächeln einer Blume lässt die Sonne wieder scheinen.

Was der Morgen bringt, zeigt sich im Laufe des Tages.

Die Sonne scheint für uns und für die ganze Welt.

Wenn das Leben Station macht. Der Zug des Lebens macht halt.

Bedenke, das die Zeit des Lebens nur eine Stunde zählt.

Die Zeit, die kommt, ist schon gewesen.

Der Hände Arbeit, ist des Tages Müh.

Wege sind wie Spuren – keiner weiß, wohin sie führen.

So wie die Sonne dich anlacht, gib auf den Schatten, den sie wirft, gut acht.

Wenn der Himmel weint, freuen sich die Wolken.

Der Geist der Blüte ist der „Blütengeist".

Des Lebens goldener Traum ist des Lebens Blütentraum.

Die Farben der Welt ist das Licht der Sonne, nicht das Geld.

Die Wege und das Ziel bleiben immer ein Rätsel.

Träume des Lebens sind Träume in den Tag hinein.

Jeder neue Morgen bringt dem Leben ein neues Glück entgegen.

Auf dem Weg, den du gehst, liegt die Zeit.

Komme, was da kommen mag, die Uhr des Lebens bestimmt den Tag.

Der Kreis des Lebens ist die Uhr ins „Nichts".

So wie begonnen, rollen die „Tonnen".

Man will immer mehr, dabei laufen wir der Zeit schon längst hinterher.

Die Jahre vergeh'n und die Zeit bleibt nicht steh'n.

Hier ist Anfang und Ende, des Tages Wende.

Zu Gast sein ist gut, zu Hause sein, ist besser.

Es ist wie Porzellan: wenn es runterfällt, zerbricht es.

Glücklich ist, wer vergisst, was nicht mehr zu ändern ist.

Gerät auch unser Körper oft ins Wanken, so machen wir uns Herbst-Frühlingsgedanken.

Wir blinzeln in die Sonne, die uns die Wärme gibt, und die Seele neue Farben gibt.

Verlier nicht den Mut, denn alles wird gut.

Was uns heut' geschenkt, einst von Gott gelenkt.

Wann wer wie wo geht, Gott uns alle Zeit beisteht.

Mit Musik und Gesang gibt jeder Hammer seinen Klang.

Es kehre in dein Herz mein, der Sonnenschein hinein.

Das Herz ist wie eine Blume, hart und weich und doch herz-
lich.

Jeden Tag der Liebe von dir, gibt mir die Kraft für mein
„hier".

Ziele, die wir haben, erreichen wir oft erst, wenn wir die
Steine zur Seite schieben konnten.

Wär ich die Sonne würde ich für alle auf der Welt scheinen.

Wie die Knospen einer Blume in der Sonne aufblüh'n. So
blühst auch Du.

Eine Wundertüte ist wie ein Geheimnis. Beides beinhaltet
eine Überraschung.

Mein Garten ist wie ein Buch. Es hat viele verschiedene Sei-
ten.

Gestern ist vorbei und morgen ist noch nicht und heute hilft uns
unser ich durch den Tag.

Der Sommer ist schön, der Herbst ist schön, der Winter ist schön,
und der Frühling sind wir.

Wie schön, ein Hallo, und du lächelst mir zu.

Straßen und Wege gar viel. So haben alle dasselbe Ziel.

Mutige Wege zu geh'n, dabei alles auf „Neue" zu seh'n.

Mutige Wege zu geh'n, beim Rasten, die glühende Sonne zu
seh'n.

Eine Handvoll Heimaterde. Die Zahl deiner Jahre haben
Kindheit, Jugend und Alter durchschritten.

Wenn das Leben macht Station ist längst des Lebens abge-
laufener Ton.

Das Spiegelbild

(Eine Selbstbeschreibung)

Ein Spiegelbild. Der Blick in den Spiegel, erzählt mir, meine Lebensgeschichte. Die Bilder an den Wänden, erinnern an einer längst vergessenen Zeit. Bilder sind nah und doch so weit. Die Jahre dazwischen erzählen ein Leben mit Höhen und Tiefen. Es ist mein Leben. Es blickt mich an, wie ein Spiegelbild. Meine Gedanken durchlaufen, meine Kindheit, meine Schulzeit, mein Leben. Ich stehe vor den Bildern und sehe, wie sie wieder lebendig werden. Es ist ein Spiegelbild „meiner Selber". Wie aus ein Zeitraffer durchlaufen alle die Bilder, mit seinen Erinnerungen durch meine Gedanken-Welt. Ich merke, wie ein Lächeln und glückliche Blicke die Bilder nach und nach, zu mir sprechen lassen. Wunderschöne Bilder, die mein Herz bewegen. Ich würd'e alles nochmal genauso machen. Für mich ist der Weg, den ich weiterging der gerade Weg. Es ist mein Weg, meine Erinnerung, meine Erfahrungen. Und das, was ich heute bin. Ich bin glücklich über meine Bilder. Mit einer Zufriedenheit und mit einem glücklichen Herzen wende ich mich von den Bildern ab. Und gehe mit meinen Blicken ein letztes Mal von Bild zu Bild. Mit den Bildern im Herzen gehe ich jetzt wieder in das „Heute". Mit einem „Danke" an Gott, das ich das alles erleben durfte. Die Grenzen mit der Seele überwinden. Ein Engel an meiner Seite, ist mein Herz. Ich heute den Stern in meinen Herzen, den man Liebe nennt. Es ist ein Ziel, als würden meine Augen, den Horizont durchbrechen.

Wo meine Schritte, sich mit „Gottes Segen" treffen. Die Liebe, meines Engels, ist ein Geschenk für mich.

Zeitfracht Medien GmbH
Ferdinand-Jühlke-Straße 7
99095 Erfurt, Deutschland
produktsicherheit@kolibri360.de